U1011964

信仰的光芒

——毛泽东与西安电子科技大学

秦明　著

西安电子科技大学出版社

图书在版编目（CIP）数据

信仰的光芒：毛泽东与西安电子科技大学 / 秦明著
. -- 西安：西安电子科技大学出版社，2021.5（2023.5 重印）
ISBN 978-7-5606-6064-6

Ⅰ.①信… Ⅱ.①秦… Ⅲ.①毛泽东（1893–1976）
—生平事迹②西安电子科技大学—校史 Ⅳ.① A752
② G649.284.11

中国版本图书馆 CIP 数据核字 (2021) 第 125377 号

策　　划　高维岳　邵汉平
责任编辑　高维岳
出版发行　西安电子科技大学出版社（西安市太白南路 2 号）
电　　话　（029）88242885 88201467　邮 编　710071
网　　址　www.xduph.com　电子邮箱　xdupfxb001@163.com
经　　销　新华书店
印刷单位　陕西金和印务有限公司
版　　次　2021 年 7 月第 1 版　2023 年 5 月第 4 次印刷
开　　本　787 毫米 ×960 毫米　1/ 16
印　　张　8
字　　数　99 千字
定　　价　48.00 元
ISBN　978-7-5606-6064-6/A
XDUP　6366001-4
***** 如有印装问题可调换 *****

自　序

为未来积蓄力量

在西安电子科技大学（以下简称“西电”）的简介里，始终少不了这样一句话：学校前身是 1931 年诞生于江西瑞金的中央军委无线电学校，是毛泽东等老一辈革命家亲手创建的第一所工程技术学校。

19 岁上大学的时候，我开始与西电结缘。人生最美好的青春时光，我都是在西电北校区的宿舍、操场、教学楼和图书馆里度过的。四年下来，我成了一名西电人。本科毕业后，没想到我从事的工作，主要就是宣传和推介西电，而且这一干就干到了今天。开始写作本书的时候，我在学校党委宣传部已经工作了十六年。

这么多年来，当在正式场合向别人介绍学校时，一般都少不了多次提到西电是毛泽东主席亲手创建的。如果往深里讲，还会提到毛主席三次为学校题词、多次给学生讲政治课，以及在延安时三次接见全体师生……

一所大学，由共和国开国领袖亲手创建，发展过程中这么多次受到毛泽东主席关心和关怀，这在中国高等教育的发展史上，是十分罕见的。这些故事和细节，是我这样的西电人每每引以为豪的事情。

2018 年年底，一位初次来西电讲学的教授，在听完对学校的介绍后，随口问了一句，有没有相关书籍？当对方知道学校一直没有做这个工作时，他建议学校可以试着组织人力，把相关线索整理整理，看看能不能写成一本书。

收到这一提醒的时候，我正好阅读了十多本西电前辈们的传记，以及上百篇老同志们的回忆录，而且也写了近三万字有关学校历史的文章。就这样，抱着试试看的态度，我再一次翻开发黄的故纸堆，整理线索、列出提纲，开始写下这些故事。

一旦开了头，才知道这是一件并不容易的事情。为了力求准确，避免先前回忆录里“有一天”“有一次”等模糊描述，我找来了中共中央文献研究室编撰的《毛泽东年谱》这份权威资料，并以此为蓝本，逐年逐月逐日对照年谱所记载和老同志们回忆录中提到的相关事件，以期为大多数故事找到准确发生的时间、地点。

查找资料、动笔写作的过程琐碎而枯燥，好在书中记下的绝大部分事件，最终都能与年谱记录对应上。在这个过程中，也发现了先前学校校史中存在的个别瑕疵。比如毛泽东主席接见王诤、刘寅的时间，学校一直认为是1931年1月3日，但《毛泽东年谱》记载是1931年1月4日。还有“艰苦朴素”这一题词的时间，学校多年来竟一直误作1960年1月8日，实际上却是1960年10月8日……

当然，毛泽东主席与西安电子科技大学之间的故事，远远不止本书中提到的这些。但就是整理出来的这些故事，也足以让人感到震撼和骄傲了。

“所以表不忘初心，而必果本愿也。”对于一个组织和集体来说，只有时时不忘最初的发心，最终才能实现其本来的愿望。回首西电的历史，我们既是在寻找初心，也是在为未来积蓄力量！

目录

CONTENTS

第一章 瑞金

走进今天西安电子科技大学的校史馆、博物馆中，讲解员都会向你介绍学校最早的一个教具，那是一部二十世纪二三十年代的军用电台。它是怎么得来的呢？

第一个教具

凌晨，毛泽东同朱德进入黄竹岭小别山的指挥所，开始指挥围歼张辉瓒师的龙冈战斗。上午九时许，当该敌在龙冈以东、小别以西登山时，即受到红三军的迎头痛击。下午三时许，红十二军沿龙冈南侧从敌背后发起猛烈攻击，红四军和红三军团从龙冈北面高山上猛冲下来，被四面包围的敌军，突围未逞，全线溃散。到傍晚时战斗全部结束，歼灭国民党军第十八师师部和两个旅九千余人，俘师长张辉瓒，缴获各种武器九千余件，子弹一百万余发，电台一部，取得了第一次反“围剿”的首战大捷。

——《毛泽东年谱（1893—1949）》（上卷），1930年12月30日

1930 年 12 月 30 日，对于中国工农红军第一方面军反“围剿”的首场胜仗龙冈战斗来说，单从数量上看，与九千余件武器相比，与一百万余发子弹对照，这一部电台如同沧海一粟，似乎完全不值一提，但它为什么又会郑重地出现在战利品清单上呢？

这是因为，这一部电台让一位瘦高个的中年人非常开心，甚至是喜出望外。三个半月前，此人在湖南醴陵给中共中央写了一份报告，分析了第二次攻打长沙不克的原因，其中之一就是：红军的技术条件不具备，交通器具如

无线电等我们也没有，以致两个军团联络不好，因而失去良机。（“交通”在当时指通信和联络工作。）

打这个报告的人是谁？他就是时为红一方面军总政治委员、中共红一方面军总前敌委员会书记、中国工农革命委员会主席的毛泽东。这一年 12 月 29 日、30 日，37 岁的毛泽东亲自指挥了龙冈战斗，大获全胜。当毛泽东看到在缴获的战利品中有一部求之不得的电台时，你说他能不高兴吗？

其实，在毛泽东打这个报告之前，也就是 1930 年 8 月 20 日，红一军团在文家市战斗中，也曾缴获过国民党军正在充电的一部电台，很可惜的是，由于红军战士们不认识此物，把电台直接砸了。

因为意识到无线电技术对于战争的重要性，毛泽东不但渴望无线电设备，而且高度重视，甚至亲自部署搜集。龙冈战斗前一天，也就是 12 月 29 日，他在永丰县君埠和朱德签发了红一方面军攻击进占龙冈之敌张辉瓒师的命令，明确提出“各部注意搜集西药，无线电亦不准破坏”。

然而，龙冈战斗获得的这部电台却命途多舛。在清理战利品的过程中，一位红军战士由于不知电台为何物，竟将电台发报部分弄坏了，只剩下收报部分。首期无线电训练班学员温净回忆说：“其中有一部无线电台机器存放在铁皮箱内，当时在战场上被缴获时，我军战士误以为里面是银洋和钞票，开箱时损坏了。”就这样，缴获的一部电台，到红军手里时，其实只剩下半部收报机还能用！

先不管是一部完整的还是半部残余的，红军毕竟有了自己的电台，但谁来使用它呢？要想知道答案，就得从国民党这次“围剿”的主力军之一，张辉瓒的第十八师说起。

张辉瓒第十八师中，有一个报务员，他的名字叫吴人鉴。两年多前，高中毕业的吴人鉴考入了南京国民党军事交通技术学校，学习无线电通信技术。1928 年，该校并入中央军校，也就是黄埔军校第六期。1929 年 2 月，吴人鉴提前离校进入军队。龙冈战斗打响时，他已晋升为中尉，任张辉瓒师无线电台报务员。

1930年12月30日龙冈战斗结束后，对于时年22岁的报务员吴人鉴来说，是一个终生难忘的日子。正是从这一天起，吴人鉴改名王诤，他参加了中国工农红军，成了一名光荣的红军战士。

这半部电台在当时的作用究竟有多大？红军无线电大队首任政治委员冯文彬多年以后曾回忆说："红军二次反'围剿'能打得那么好，同收敌人的电报很有关系，前一天就收到了敌人几个部队的行动计划。王诤同志对公秉藩、贺光年那些部队的电台都很熟悉。几乎每一次打仗，敌人的命令我们都很清楚。二次反'围剿'虽然只有一部收报机，却发挥了很重要的作用。"

之后，王诤成为西安电子科技大学前身红军无线电台训练班的队长，这半部电台也成为这个训练班的第一个教具。中央红军的通信事业，正是从这半部电台起家的。

● 第一次反“围剿”龙冈战斗时缴获的电台

渔家傲·反第一次大“围剿”

毛泽东

（一九三一年春）

万木霜天红烂漫，
天兵怒气冲霄汉。
雾满龙冈千嶂暗，
齐声唤，
前头捉了张辉瓒。

二十万军重入赣，
风烟滚滚来天半。
唤起工农千百万，
同心干，
不周山下红旗乱。

背后的故事：

得知龙冈之战大捷的当晚，毛泽东一气呵成写了这首词的上半阕。而后，在第二年春天，当闻知敌人将集结更大兵力进行第二次大“围剿”时，毛泽东心潮起伏，意绪难平，遂补写出了这首词的下半阕。毛主席对这首词很重视，仔细斟酌，反复进行了四次修改。这首词首发于 1962 年 5 月《人民文学》。

王诤、刘寅是西安电子科技大学早期的创建者。他们成为红军战士之后，毛泽东同志亲自接见了他们，并与他们进行了一次深入谈话。这次谈话交代了什么任务呢?

接见王诤、刘寅

毛泽东和朱德率领中共红一方面军总前委和总司令部人员返回小布，途中接见第一次反“围剿”中被解放的无线电台人员，欢迎他们参加红军，为建立红军电台而努力工作。

——《毛泽东年谱（1893—1949）》（上卷），1931年1月4日

1931 年 1 月 4 日，江西宁都县小布镇，这里发生了一次不同寻常的见面。一边是红一方面军最高统帅部的总政治委员毛泽东、总司令朱德等领导同志，一边是从国民党张辉瓒师刚刚解放过来的电台人员，他们是：队长李三毛（原名李仁忠、第三次反“围剿”中逃跑），报务王诤（原名吴人鉴）、吴如生（原名罗世熔）、韦文宫（原名韩依冠），机务刘盛炳，文书李家驹，架线李国梁，学员刘寅（原名刘达端）等。其中，21 岁的刘寅跟随王诤学习报务还不到两个半月。

1930 年 12 月 30 日，红一方面军刚刚取得了龙冈战斗的首场大捷，全歼了国民党“围剿”主力部队之一的师长张辉瓒的第十八师。见面前一天的 1931 年 1 月 3 日，红一方面军又取得了另一次重大胜利，一举消灭了这次“围剿”的另一支主力部队——师长谭道源的第五十师的半个师。

这两场战斗下来，算上全歼张辉瓒师时得到的半部电台，以及后一场战

斗缴获的一部完整电台，到第一次反“围剿”胜利结束时，红军无线电的家底是一部半电台！

这次会见，时间是1月4日的下午时分（也有1月3日一说，本书取《毛泽东年谱》记载的时间），地点是在红军的总司令部。所谓总司令部，其实就是宁都县小布镇赤坎村的“龚氏祠堂”，一个普普通通老百姓的家祠。

多年以后，刘寅在题为《阳光雨露育新枝——我军无线电通信初创时期的回忆片段》中详细描写了这次见面的细节：

这是一个普通老百姓的家祠，除了门卫之外，一点儿也看不出这就是红军的总司令部。我们进到祠堂里面时，毛总政委、朱总司令、朱云卿参谋长和其他同志正在一张摆着地图的方桌周围谈问题。他们看过介绍信之后，都含笑向我们表示欢迎。

毛泽东同志首先转向我们，和蔼而热情地说：“好，欢迎你们，欢迎你们当红军。”在简单地询问了一下我们的经历后，又接着说：“无线电还是个新技术，你们学了这一门很有用，也很难得。但过去你们的技术是为地主阶级服务，现在你们参加了红军，红军是工人农民的革命武装，你们的技术也就是为工人农民服务、为革命服务，希望你们好好地为红军建立无线电通信努力工作。”

虽然毛泽东同志是那样平易近人，但我们总还免不了有些局促，不知道答复一些什么好，只是感激地点着头。

“技术为工人农民服务、为革命服务，希望你们好好地为红军建立无线电通信努力工作”，这次不同寻常的见面，这番语重心长的谈话，将彻底改变王诤和刘寅等人的人生命运，也从此书写了我军无线电通信的光辉历史。半个多月后，红一方面军发布了抽调青年学无线电的命令。一个多月后，红军首期无线电训练班举行了开学典礼。

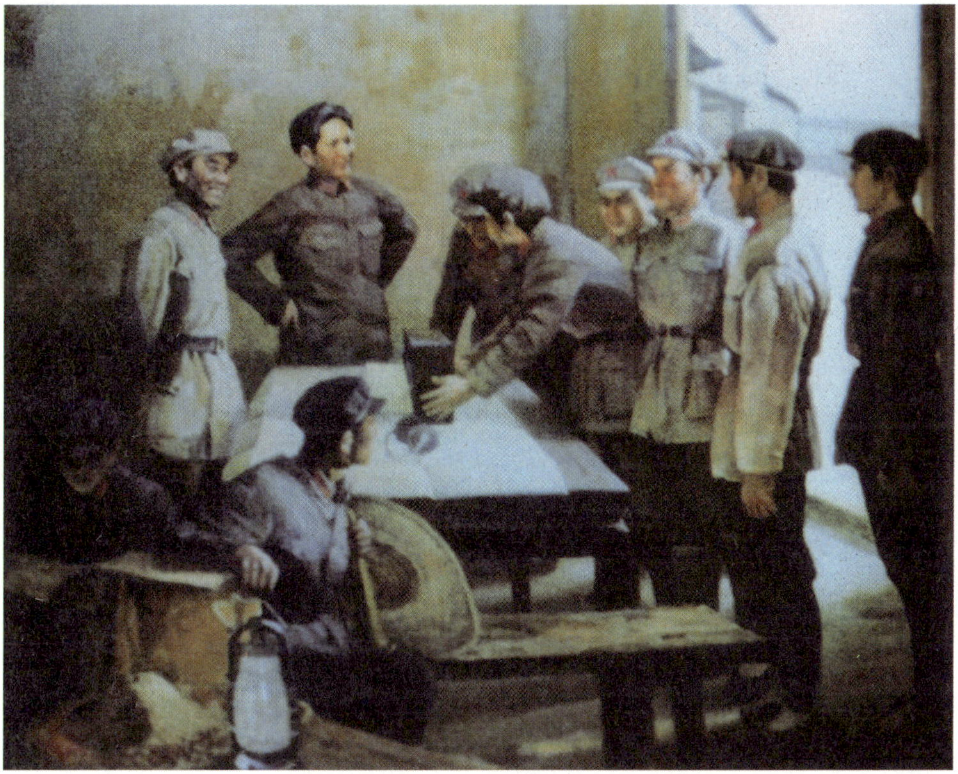

● 毛泽东接见王诤、刘寅等人（油画）

● 首期无线电训练班学员曾学习、居住过的位于宁都县小布镇赤坎村的“龚氏祠堂”

1955 年被授予少将军衔的曹丹辉，是西安电子科技大学培养的一百二十余位将军校友之一。他的人生轨迹是如何与学校发生交集的呢?

签发“招生简章”

毛泽东和朱德发布红一方面军关于抽调青年学无线电的命令，指出“要看清无线电的工作比任何局部的技术工作都更重要些”。要扩充无线电队的组织，各部即选送可造就的青年到总部无线电队学习。

——《毛泽东年谱（1893—1949）》（上卷），1931年1月28日

1931 年年初，作为稻农曹德铨的第五子，此时已担任红十二军六十四师政治部青年科科长、绰号“小红军”的江西南康县唐江镇小伙乙生，即将被一纸调令改变命运。

这个调令，也即西安电子科技大学前身无线电队的招生简章，其标题叫《红军第一方面军命令》，即调学生学无线电的命令，签发时间是 1931 年 1 月 28 日，签发人是总司令朱德、总政治委员毛泽东。

“我们成立了无线电队有半个月了”，招生简章第一句话即开宗明义，明确指出了这个招生简章为谁家招生。招生人数也很清楚，“共一十四人（各部能多送者更好）”。学习时间暂定四个月，学习课程机务报务兼学。

入学条件则主要从以下五个方面考虑：

（一）年龄：十四岁以上，二十三岁以下。

（二）出身：家庭经济地位是工人、雇农、贫农或参加过斗争的。

（三）性别：不论男女都收。

（四）学历：须有高等小学毕业或相当程度者，最低限度须粗识文字及有些常识者。

（五）性格：聪明、活泼、忠实、好学、无流氓习气者。

对乙生而言，这五个条件差不多有四个都是为他量身定做的。乙生出身贫苦，可谓根红苗正，而且14岁就入了团，一年前已转为中共党员。但对于红军这支穷人的队伍来说，其实最难的是第四项学历这一关，乙生的学历怎么样？

时间往前追溯到乙生八九岁时，其父亲曹德铨曾与地主打了一场官司，不幸被判刑两年。出狱后，曹老汉深感家中无读书人将会备受欺凌，于是忍饥挨饿咬紧牙关送儿子读了三年私塾，后来乙生又进小学读到了四年级初小毕业。所以，能识几个字、略有些文化的红军青年干部乙生，完全符合总部调令要求。

1931年2月7日（曹丹辉的回忆录误为1月8日），江西宁都县，一个下着蒙蒙细雨的日子，红十二军六十四师师部首长粟裕等郑重地告诉乙生，军党委已决定派他去总部学习无线电。这一年，乙生只有16岁，他的大名叫曹丹辉，其西电人身份是红一方面军无线电训练班首期报务学员。

这一期的报务学员共计12人，他们是：第三军选调的胡立教，红四军选调的温亮彰（温诤），红十二军选调的曹丹辉，总部选调的李立田、钟佩兰（女），以及钟贞一、吴慕林。机务人员有李长春、罗卓英、廖昌林、田保洪等5人。

这个无线电训练班隶属于刚刚成立的红军无线电队，队长就是一个月前刚刚参加红军的电台报务员王诤，这个班也就是今天西安电子科技大学最早的前身。

毛泽东不但亲自创建了西安电子科技大学的前身无线电训练班，而且参加了训练班开学典礼并讲了话。后来，他多次给首期无线电训练班学员上过政治课。

参加开学典礼并给首期学员上政治课

毛泽东参加了红军第一期无线电训练班的开学典礼，在讲话中要求学员学好本领，为战胜敌人服务。

——《毛泽东年谱（1893—1949）》（上卷），1931年2月10日

红一方面军首期无线电训练班举办的时间是1931年2月至1931年5月，这期间毛泽东总共给训练班上过多少次课?《毛泽东年谱》里，除参加开学典礼并讲话这一次是明确记载的外，其他并没有详细记录。

无线电训练班教员刘寅曾回忆说："无线电训练班附设在无线电台内。1931年2月，红军总部正式成立无线电大队时，无线电训练班就是大队的组成部分之一，技术教员都是电台的工作人员，一套人马，两项任务。训练班的同学们，既是学员，又是工作人员。"

根据这一说法，可知当时红军总部的电台就是无线电训练班。从这个意义上说，毛泽东这几个月间对电台总部人员的各类讲话，训练班学员应该都听到了，都可以算作讲课内容。

无线电队队长、训练班教员王诤在题为《从半部电台开始》的回忆文章里面说："毛泽东总政委对这个训练班很关心，他和周以粟常来做形势报告

或上党课。”

首期无线电训练班学员曹丹辉在《回忆无线电通信队》《伟大的历程——随毛主席从江西到陕北》和《在1931年间》等回忆文章中，对毛泽东给训练班上政治课有过这样的描述：

开学后不久，毛泽东同志亲自给我们上政治课。他首先讲了革命的必然性，然后说：“国民党并不可怕，蒋介石并没有什么了不起。历史上的赤壁之战就是以少胜多、以弱胜强的战例。我们一定要、也一定能打败敌人的，因为老百姓反对他们，拥护我们……”（《回忆无线电通信队》）

记得有一次毛委员来讲课，时间是4月下旬，地点在东固坳上无线电大队驻地门外的一块小草坪上。毛委员穿灰的已褪色的旧中山服，着旧布鞋。听课的除10多名男生和3名女生外，还有工作人员等约30人。因没有课堂和桌凳，大家就坐在草地上，毛委员站着讲。

课题是：“革命一定要发展胜利，反革命一定要失败”。“受压迫剥削的工人农民起来闹革命，反对派是镇压不了的，革命是不可阻挡的。正如天要下雨、娘要嫁人，是无法阻止的，工人农民要起来革命，反对派也是无法阻止的。”（《伟大的历程——随毛主席从江西到陕北》）

今天毛总政委来上政治课时还说：“虱子嘛，不要怕，等我们把白匪军消灭干净，虱子也就不会生在我们身上了。”

干革命，苦又算得了什么，我们对胜利的前途充满着无限信心！（《在1931年间》）

限于当时的特殊环境，曹丹辉等记录的讲课时间也许并不准确，但毛泽东曾多次给首期训练班的学员上过政治课这件事，却是无可争议的事实。

● 毛泽东给首期无线电训练班学员上政治课（油画）

伍云甫是我党早期在上海自己培养的一名无线电技术人员，调到江西中央苏区后先后担任无线电训练班的政治委员、队长等职，是红军无线电通讯事业的创始人之一。毛泽东重视电台，重视到什么程度？请看他和伍云甫之间的这个故事。

亲自携带真空管

毛泽东率红一方面军主力到达兴国县西部高兴圩地区，行程千里，完成了回师赣南集中的战略任务。蒋介石、何应钦得知红一方面军主力集中在兴国地区后，判断红一方面军主力有西渡赣江之可能，便集中九个师兵力向兴国方向急进，企图压迫红一方面军主力于赣江东岸而消灭之。毛泽东获悉各路敌军正向兴国方向急进，主持召开军事会议，研究敌我形势和红军作战方针、计划。

——《毛泽东年谱（1893—1949）》（上卷），1931年7月28日

赣南的 1931 年 7 月，对于红军来说，注定不是一个轻松的月份。

谁也没料到，距离国民党军队的第二次“围剿”失败才一个多月，国民党居然又集结了 30 万人，编成左右翼两个集团军，决定对中央革命根据地进行第三次“围剿”。

国民党军队方面，30 万人兵分三路，采取“长驱直入”“分进合击”的战术，可谓来势汹汹。而红军方面，因为刚刚才粉碎第二次“围剿”，部队尚未得到休整，减员尚未得到补充，总兵力仍旧只有 3 万多人！

两军兵力相差十倍，这仗怎么打？临时总前委研究决定：仍采取“诱敌深入”的战略方针，避开敌人前锋，通过大范围长距离转移运动，以空间换战机，伺机消灭来犯敌人。

这时候，红一方面军无线电台的分布情况是：王诤、伍云甫、曹丹辉、涂作潮等带着一套电台，跟随毛泽东和朱德在前方行动；刘寅、曾三等带着另一套电台，随叶剑英在后方行动。前后方之间，能实现无线电通信。

对于一个部队来说，大范围长距离的转移运动，如果没有了有效可靠的通信联络，就会成为断了线的风筝，成为一个瞎子！通信联络靠什么？总不能还靠人的两只脚和马的四条腿吧，得靠电台呀！

带着电台跟随毛泽东在前方行动的王诤，后来在《半部电台起家》中回忆说：

在转移途中，毛总政委为了防止电台泄密，就问伍云甫：电台缺了什么就不能工作？伍云甫答：真空管。主席便要自己携带真空管。但恐碰坏，于是又问：还缺什么也不能工作？伍云甫答：电键。

什么叫领导重视，这就叫领导重视！为了确保战时通讯工作万无一失，作为总政委的毛泽东竟然要亲自携带真空管。那他询问的这个伍云甫是谁？

此时的伍云甫刚刚年满 27 岁，比时年 38 岁的毛泽东小 11 岁。上一年，伍云甫在上海中共中央举办的无线电训练班学习过一段时间的无线电技术。1931 年年初，他才调回中央苏区，参与了王诤任队长的无线电训练班的相关工作，先后担任电台政治委员、队长以及无线电总队政治委员等职务，是电台重要的技术骨干之一。

实际上，此时伍云甫和毛泽东不仅是上下级和战友的关系，他们之间的故事还可以追溯到十多年前。

1914 年 2 月，湖南省立第四师范学校合并于湖南省立第一师范学校，毛泽东编入一师预科第三班，开始了他在省立一师长达四年多的学习生涯。这期间，有一位个子矮墩墩、胖而结实，且与毛泽东交往甚密被称为“伍大力士”的同学，他就是伍云甫的父亲伍如春。毛泽东与伍云甫的父亲是故交老友！

1920 年，16 岁的伍云甫考入衡阳湖南省立第三师范学校，曾聆听过毛泽东所作的关于社会主义的演讲，后来受此影响成为了湖南三师学生运动的活跃分子。所以，对于伍云甫来说，毛泽东既是长辈，又是自己革命道路上的引路人。

就这样，在 1931 年 7 月至 9 月第三次反“围剿”过程中，毛泽东亲自携带着真空管，并让警卫员携带着电键，开始了辗转千里的大范围长距离转移，一路顺利地穿过了敌军的包围圈，并指挥取得了第三次反“围剿”的胜利！

红军在取得第一次反“围剿”胜利之后，建立了无线电台，成立了无线电训练班。训练班培训出来的这些通信战士，虽然年纪都不大，但在打仗时却产生了重大作用。

“奖些钱给他买鸡蛋吃”

毛泽东在于都县银坑同朱德发布命令，令红一方面军在敌人深入恐慌疲惫之下，消灭由宁都赖村进攻之敌，然后转向桥头方向消灭敌军的第二部。

——《毛泽东年谱（1893—1949）》（上卷），1931年7月24日

毛泽东和朱德率领红一方面军主力进到黄陂附近，指挥部队一举攻入黄陂，歼灭敌第八师两个团，乘胜追击，又歼敌一部。前后共歼敌第八师约四个团，俘敌四千余人，缴枪三千余支（挺）。

——《毛泽东年谱（1893—1949）》（上卷），1931年8月11日

第三次反“围剿”发生在1931年7月至9月间。

追问历史事件背后的故事，我们不禁要问：《年谱》记载的7月24日这一天，毛泽东是基于什么信息判断，发布了这道进攻命令？

而8月11日这一天，打了胜仗、心情正愉悦的毛泽东，又将做些什么事情呢？无线电训练班首期学员曹丹辉的回忆录中，正好记载了这两个时间节点发生的故事。

1931年2月至5月，经过训练班4个月的短期培训，红十二军选调的曹

丹辉，与他的同学们一起被分配到了电台工作，全程参加了第二次反“围剿”作战。在7月份开始的第三次反“围剿”中，曹丹辉所在的电台正跟随红三军军部行动。

1931年7月23日下午4时，曹丹辉侦收到了一份何应钦发给各路白军的万万火急电报——“限10天扑灭共匪”。这份电报用的密码是“壮密”，全文共324字，暴露了敌人“分进合击”的战役企图和敌人各路兵力的部署。

“壮密”这种密码，是国民党军队进行第二次“围剿”时，何应钦为了统一指挥，制定下发的一种密码，之前红军虽能侦收却译不出来。但时过境迁，此时红军早已缴获了“壮密”的密码本。这份电报很快就被译了出来，并迅速送到了红一方面军总部。

所以第二天，也就是7月24日，毛泽东与朱德根据这份情报，发布了那道进攻命令，决定在东南北三面受敌的形势下，选择敌人力量比较薄弱的方向，中间突破，向东面的莲塘、良村、黄陂突击。

这一场战斗，因为知已知彼、情报准确，所以三战三捷！

曹丹辉利用自己学到的技术，在第三次反“围剿”中立了一份大功，但此时他还并不知道。

半个多月后，也就是1931年8月11日，在黄陂和龙冈之间的君埠，曹丹辉所在的红三军与红一方面军总部会合。会合之后，部队在山林中隐蔽了起来。

“曹丹辉，快来呀！毛总政委找你。”突然，总部参谋胡公侠急急忙忙跑了过来，一边跑还一边喊。这可把16岁的曹丹辉吓了一跳，心想：“毛总政委找我干啥呢？”来不及细想，曹丹辉立即紧张地跟随胡参谋向总部跑去。

“这是曹丹辉……”到了总部后，曹丹辉敬了个礼，还没来得及开口，胡参谋就抢先向毛泽东介绍说。

胡参谋的话还没说完，毛泽东已经走过来，拉住曹丹辉的手，亲切地问长问短："你多大了？读了几年书？现在工作怎么样……"许多年以后，曹丹辉回忆说，那一刻他的疑惧全消，高兴而又有点羞涩地回答了毛泽东的每句问话。

"你收到的那份何应钦的电报，对这次战役很有价值！"最后，毛泽东对曹丹辉说道。接着，他又指示胡参谋："你告诉副官处，奖些钱给他买鸡蛋吃。"

曹丹辉在《在无线电训练班学习和在总部电台工作的日子里》写道："副官处发给了3块钱，我们买了鸡，买了肉，晚饭时大伙猛餐了一顿。"

"千里眼"和"顺风耳",是毛泽东对掌握了无线电技术的通信兵的形象比喻。实际上,关于通信兵的作用,毛泽东还有另一个比喻,那就是革命的"鲁班石"。

要做革命的"鲁班石"

毛泽东同朱德部署一部分兵力在地方武装、赤卫队、少先队的配合下,袭扰敌军,迟滞敌人前进,同时部署和指挥红军主力迅速收拢部队,避开敌人的前锋,绕道千里,回师赣南。

——《毛泽东年谱(1893—1949)》(上卷),1931年7月上旬

毛泽东结束休养,回到瑞金后住在临时中央政府所在地叶坪村。

——《毛泽东年谱(1893—1949)》(上卷),1933年2月中旬

1933 年 10 月 5 日创刊的《时刻准备着》,是中共中央在苏区创办的第一份儿童刊物。这本杂志第五期刊登了一篇文章,题目叫作《寻乌共产儿童流血的故事》。

这篇文章讲了一件事,说的是 1931 年寻乌、南丰苏区儿童团员刘泮林和刘炳青,两人在第三次反"围剿"斗争中,一个高举红旗,一个吹着战号,跟随赤卫队和少先队向敌人冲锋,表现非常英勇。

负了伤的刘泮林自豪地说:"同敌人打仗,死也不怕,带花有什么相干!"文章最后说:"后来这两个勇敢的共产儿童在县儿童局工作,去年英勇地加

入红军去了，这是何等光荣的模范呵！我愿大家学习他俩的英勇精神。时刻准备着！”

儿童团员刘泮林和刘炳青参加的这次战斗的背景，正好与《毛泽东年谱》1931 年 7 月上旬记载的部署兵力、依靠群众、袭扰敌军的事件相对应。

刘泮林，1918 年生，江西寻乌县留车镇人，负伤时才 13 岁。1931 年，他加入了红军，在儿童局担任过书记。1933 年 3 月，他很幸运地被选派到了刚刚组建的中国工农红军通信学校无线电科第六期学习，地点在新校址坪山岗。这一期无线电科的学习时间是 1933 年 3 月至 10 月，学员共 20 余名。

一年前，也就是 1932 年 10 月召开的宁都会议，在“左”倾思想占上风的情况下，这个会议错误地批准了毛泽东“暂时请病假，必要时到前方”的要求，实际上是解除了毛泽东的军事指挥权。随后，毛泽东回到后方福建西部长汀福音医院休养，直到 1933 年 2 月中旬左右，他才返回临时中央政府所在地叶坪村。叶坪村与红军通信学校所在地坪山岗，两地相距只有六七里。

这时候，已经 15 岁的刘泮林与 40 岁的毛泽东，在红军通信学校有了第一次的人生交集。刘泮林在一篇回忆当年毛泽东同大家谈心时的文章中写道：

那时候，毛主席就十分关心通信干部的培养教育，经常到我们电台来，和我们谈话，问我们工作、学习和生活的情况。每次来了，我们总是缠着他，舍不得他走。

有一次，毛主席问我们，懂不懂得通信工作的重要性？当时我们都是十几岁的“小鬼”，只知道干工作，对于本身业务的重要意义，懂得不太多。毛主席见我们一时答不出，就说：做任何工作，都应该知道它的重要性。你们是革命的千里眼、顺风耳嘛，红军缺少了电台，就好比缺了块“鲁班石”一样。

接着毛主席就给我们讲了“鲁班石”的故事。他说，很久很久以前，有条河上要修座石桥，招聘了不少能工巧匠，连夜开山取石。辛辛苦苦干了好多天，桥身修好了，拱形桥洞也砌得差不多了，只是桥洞的脊梁处，还缺少一块又坚固、又合适的石头嵌进去。这块石头很重要，没有它，桥就砌不成。于是匠人们四处寻找，不知爬过了多少座山，涉过了多少条河，才在一个打草鞋的老公公家里，发现了那块垫着锤草用的石头挺合适。搬去一试，正好不大不小。石桥终于修成了。原来这块石头是鲁班留下的。鲁班从此路过，量量桥身，又看看准备的石料，就知道少这样大小的一块石头。于是他偷偷地按尺码凿好一块丢下，然后扬长而去。从此，人们就给这块石头起了个名字叫"鲁班石"。

毛主席停了一停又说道：红军今后要大发展，这里要点火种，那里要点火种，一块块被分割的革命根据地，要靠你们从空中架起一座桥连接起来。大家想想，你们不是红军中的"鲁班石"吗？从那以后，我们就常用"要做革命的鲁班石"这句话来鞭策自己。

刘泮林的回忆资料里没有记下这次谈话的具体时间，根据相关细节推测，应该是在 1933 年 3 月至 10 月期间。同他一起听这个故事的，还有红军通信学校无线电科第六期的其他学员——李力（李耀渲）、吴幼生、麻福芳、夏侯求煌、肖祖德、黄国泉、欧阳景视、罗绍辉、李光寿等。

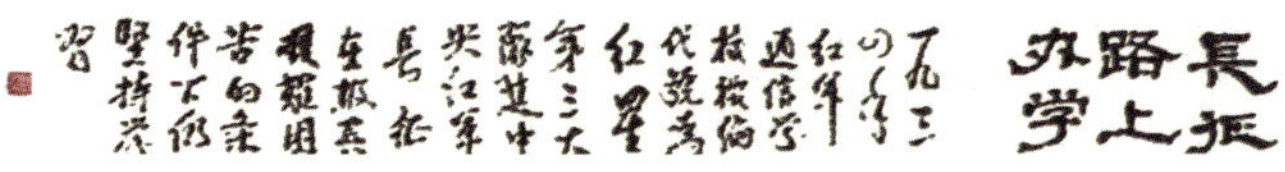

第二章 长征途中

遵义会议确立了毛泽东在中共中央和红军中的领导地位。遵义会议期间，此时代号“红星第三大队”的红军通信学校师生们在哪里？他们为会议做了哪些工作？

掩护遵义会议召开　传达遵义会议精神

毛泽东出席在遵义召开的中共中央政治局扩大会议（通称遵义会议），在会上就长征以来各种争论问题，主要是最紧迫的军事路线问题，作长篇发言。会议主要根据毛泽东发言的内容，委托张闻天起草《中央关于反对敌人五次“围剿”的总结的决议》，于二月八日经政治局会议通过后印发。会议增选毛泽东为政治局常委。会后中央常委分工，毛泽东为周恩来在军事指挥上的帮助者。遵义会议结束了王明“左”倾冒险主义在中共中央的统治，确立了以毛泽东为代表的新的中央的领导。

——《毛泽东年谱（1893—1949）》（上卷），1935年1月15—17日

遵义老城子尹路，有一栋坐南朝北、一楼一底的砖木结构建筑，它原本是原黔军中将师长柏章辉的私人官邸。1935 年 1 月 7 日，红一军团第二师袭占遵义城后，这里被红军征用。

1935 年 1 月 9 日这一天，随军委纵队进驻遵义的毛泽东、张闻天、王稼祥三位红军高级干部，即将在此居住长达十天时间。这里也是毛泽东在长征途中滞留时间较长的地点之一。

当时与毛泽东等一起进驻遵义城的，就有代号为“红星第三大队”的红

军通信学校的师生们。他们此时隶属于红军通信团，这个团的团长由王诤兼任，政委由伍云甫兼任。

在遵义会议召开前后，这支队伍开展了一系列紧张而忙碌的工作，目的是隐蔽红军真实行动意图、掩护遵义会议顺利召开。总结起来，主要做了三件事：

第一件事是制定了新的通信联络办法。

1 月 7 日晚 11 时，王诤等以朱德总司令名义下达通信联络办法，要求部队暂时多用有线电，少用无线电。“各师电台应即停止工作，但各军团电台须与军委保持经常联络。”随即，红军通信学校的有线电学员架设了“军委司令部与各师司令部有线电话”实施联络，尽可能地利用敌人遗弃的电话线路实施通信。

第二件事是检查、总结、交流长征以来通信联络的经验教训，部署尔后任务。

《长征日记·伍云甫日记》记载：

由龙坪至遵义。

——1月9日　阴

驻遵义。参加军委部长会议。

——1月10日　阴

喻述祥去桐梓收集材料。

——1月11日　阴

召集岳（夏）、刘（寅）、石（痕）及电话队罗、李等分别检阅工作；召集本局炊事员、运输员及通讯员、特务员分别开会，讨论整顿工作，李光寿调三科。发二十分队洋油六瓶。

——1月12日　阴

发四分队洋油十瓶。戴池弯去桐梓。王（诤）与首长商议通讯工作。

——1月13日　阴、微雨

开前方电台干部会议；到一、五、六、二十九、九、二十三、二十、二十二、三、四等分队。是日敌机一架，在空中侦察。

——1月15日　阴

发四分队滑、汽油各一满桶及充电导线一付；发三分队导线（充电用）一付、零件等。

——1月16日　阴

从无线电营发三分队汽、滑油各一桶。

——1月17日

开局长会议。运输队合并于学校，清理材料，二十三分队报告丢失天线杆一根。

——1月18日　阴

四时半由遵义经十字铺、高坪、大桥，十二时半到达泗渡（亦称四都）宿营。

—1月19日　晴

伍云甫的日记，只是简单记录了遵义会议前后，红军通信学校师生的行程及主要工作，而在《王诤传》中，则详细地记录了1月15日这次会议的主要内容："总结交流长征以来通信联络的经验教训；确保通信联络畅通无阻；注意电台和器材的安全；加强政治思想工作。"

就在王诤、伍云甫组织召开前方电台干部会议的同一个阴天，中共党史上挽救了党、挽救了红军、挽救了中国革命的遵义会议，正在遵义老城子尹路一座中西合璧的两层楼房中悄悄地召开着。

第三件事是组织军委总台用无线电把遵义会议精神迅速传遍全军。

长征途中，为了解决无线电24小时都能做到随时应答的难题，军委总部电台使用的是王诤发明的交替工作方式，即随总部行动的一、六两个无线电分队交替前进，一个分队开机工作，一个分队行军赶路，目的是确保始终有一个电台处于工作状态。

遵义会议结束后，向红军各部传递遵义会议内容的重任，就落在了这两个电台身上。当时，无线电一分队的队长是岳夏（罗若遐），六分队的队长是刘寅，两个分队的队员都是通校师生，包括袁以辉、龚兴贵、田保洪、吴希圣等。他们以“急电”的方式，在电台上夜以继日地工作，火速将会议决议发给各地红军，使遵义会议精神传遍全军，对鼓舞部队士气起了重要作用。

袁以辉曾回忆说：“我们一分队驻在遵义老城军阀王家烈部的一个旅长（回忆有误，应为‘师长’——作者注）的家里，离遵义会议的会址只有百多米远。军委注有‘急电’的电文送到我们一分队，尤静轩等立即把它发送到各军团和各革命根据地去。那几天工作特别紧张，连敌机轰炸扫射都顾不得隐蔽关机，我们光荣地完成了用无线电传达遵义会议精神的任务。”

细心的读者，其实还可以从《长征日记·伍云甫日记》中读到一个小小的细节：1935 年 1 月 9 日毛泽东进遵义城的时候是一个阴天，而参加完遵义会议离开遵义城的这一天，也就是 1 月 19 日，黔北冬日阴雨连绵的天空此刻已经放晴！

● 遵义会议会址

《长征组歌》之《四渡赤水出奇兵》最后一句是“毛主席用兵真如神”。四渡赤水之时，在数十万重兵围追堵截的艰险条件下，毛主席为何还能“用兵如神”呢?

三百余份电报与四渡赤水

毛泽东同军委纵队离开遵义，到达泗渡。中央红军分三路从桐梓、松坎、遵义地区向川南开进。

——《毛泽东年谱（1893—1949）》（上卷），1935年1月19日

中央红军从二郎滩、九溪口、太平渡东渡赤水河（四渡赤水）。毛泽东指挥“四渡赤水”的战绩，是他运筹帷幄的得意之笔。

—《毛泽东年谱（1893—1949）》（上卷），1935年3月21—22日

遵义会议之前的湘江战役，中央红军大量减员，已经从出发时的8.6万余人，缩减至3万余人。开完遵义会议后，部队编制进行了调整，这时候原先的无线电营、有线电大队、通信教导大队都随之取消了。无线电第一、第六、第二十九、第三十分队，由军委三局的王诤、伍云甫直接领导。

《长征日记·伍云甫日记》平静地记述了红军通信学校师生四渡赤水的具体时间、地点：

第一次渡赤水: 零时三十分自土城出发，六时半到达头场坝(亦称桃场)，

途中遇二分队（架设在路旁工作）。十五时半自头场坝动身，十九时到达翁家沟宿营（此地离川界十里，在古蔺附近）。

——1月29日　晴

第二次渡赤水：由太平渡经仙人坳至龙兴场，行程约五十里。是日，渡河后即爬高山，夜晚开小组会（夜间雷雨）。

——2月20日　阴

第三次渡赤水：六时出发，经怀阳洞、两路口，至仁怀。十八时由仁怀出发，经茅台村，由浮桥渡赤水。随六分队宿陈福村附近小茅房内，运输等人员均在树下露营（次日五时到）。

——3月16日　晴

第四次渡赤水：三点三十分由大村出发，十八时到九溪口，乘船渡河，三时左右通信部门渡完，即在六分队后尾跟进，次日四时余到达下寨。

——3月21日　阴

与此同时，发生在四渡赤水期间的遵义战役，是红军在敌情非常严重的情况下，五日之内连克桐梓、娄山关、遵义，击溃和歼灭国民党军两个师又八个团，俘敌三千人，取得了长征以来最大的一次胜利。关于这次战役，伍云甫有如下记载：

本人随六分队代收5482三份报，内有占领桐梓的捷报。一分队在途中架线，六分队赶前走，十八时左右到达九坝。

——2月25日　阴

在桐梓休息。上午与李士俊谈话。下午开支部大会。是夜电报多。王（诤）在一分队，伍（云甫）、刘（寅）在六分队帮助工作。次日二时占遵义新城。

——2月27日　阴

由桐梓至董公祠附近，行程约105里。是日觉疲劳。四时我军占领老城，六分队留发报至十时，自随六分队，二十时到达宿营地。

——2月28日　晴

从伍云甫的日记中可以知道，1935年1月到3月的四渡赤水战役期间，红军通校师生所在的各电台分队，始终随着红军总部在行动。他们为贯彻和传递总部作战意图，为毛泽东调动和指挥各军团发挥了重要的作用，也书写了毛泽东这次“运筹帷幄的得意之笔”，铸成了四渡赤水这个“用兵如神”的经典传奇。据不完全统计，四渡赤水期间，总部电台与各分队之间累计收发的电报多达三百余份。

一渡赤水前，在部署第二天的行动时，上级指示：“军委纵队仍留土城猿猴地域，野战司令部指挥所于兰坳头附近，与一、三、五军团保持电话（联系），与九军团保持无线电联络。”

二渡赤水后，奉毛泽东命令，一部电台随红五军团的三十七团伪装主力，将敌人引向温水、松坎方向，使红军大部队机智地跳出了敌人的重重包围，在运动中大量地消灭了敌人的有生力量。

三渡赤水前，根据军委首长指示，王诤亲率无线电第二十九分队一部、电话队和通信连各一个排，到前敌司令部执行三渡赤水及以后的通信保障任务，后又加派一个无线电分队和电话队一个排。

四渡赤水前后，为掩护主力渡江，军委电令红九军团暂留乌江以北地区牵制敌人。为确保九军团与军委的联络，三局派出无线电第三十分队加强九军团。红九军团在马岭西北大造声势，诱敌跟进向北出击，掩护红军主力顺利渡过乌江。在红九军团无线电分队担任分队长的通校毕业学员朱虚之、曹丹辉，带领电台人员成功地保障了这次战略佯动任务的通信顺畅。

忆秦娥·娄山关

毛泽东

（一九三五年二月二十八日）

西风烈，
长空雁叫霜晨月。
霜晨月，
马蹄声碎，
喇叭声咽。

雄关漫道真如铁，
而今迈步从头越。
从头越，
苍山如海，
残阳如血。

背后的故事：

这首词写于四渡赤水期间，第二次娄山关激战之后。词以娄山关之战为题材，虽然写的是翻越娄山关的行军情景，但表达的却是胜利后的所见所闻所感。这首词首发于1957年1月《诗刊》。

《七律·长征》中一句“金沙水拍云崖暖”，见证了毛泽东军事指挥艺术的神来之笔。金沙江畔，让人尽收眼底的是红军渡江后的无限喜悦与欢呼，但在这喜悦与欢呼的背后，却是险象环生、扣人心弦的渡江经过。这个过程中，红军通信学校无线电科第九期学员所在的电台承担了什么角色？

金沙江畔一分钟也不能耽误的急电

刘伯承率中央纵队干部团抢占皎平渡，完全控制渡口的南北两岸。当晚，毛泽东、朱德、周恩来等率领军委纵队赶到皎平渡过江，在北岸组成渡江指挥部。因得到红一军团在龙街渡口架设浮桥未成、红三军团在洪门渡口所得渡船很少的电报，又得悉万耀煌要保存实力往回收缩的情况，中革军委决定：除留红十三团在洪门渡过江，红一军团和红三军团主力全部改由皎平渡过江。至九日，中央红军第一、第三、第五军团全部渡过金沙江。在滇、黔边单独行动的红九军团也在东川以西的树节、盐井坪地区渡过金沙江。至此，国民党数十万“追剿”部队被甩在金沙江以南，中央红军取得战略转移的决定性胜利。

——《毛泽东年谱（1893—1949）》（上卷），1935年5月3日

1935年5月6日，云南金沙江皎平渡北岸一个石洞里，红军通信学校无线电科第九期学员，时为军委电台第一分队见习报务员的袁以辉，此时正十分着急。原来，电台刚刚接到一份红三军团从洪门渡拍来的电报，上面说红

三军团占领洪门渡后，架起了简易浮桥，但大部队才过去一小部分，浮桥就被激流冲垮了，再架浮桥有困难，特电请军委总部指示。一百多米外的另一个石洞里，就是毛泽东、朱德、周恩来等所在的渡江指挥部。渡江以来，石洞那边一直忙个不停。白天里，等待请示和汇报工作的人进进出出、络绎不绝，到了夜晚，石洞里的灯火一直亮到天明。

情况十分危急，红三军团如果不及时渡江，一旦敌人主力赶上来，将陷入背水作战、毫无回旋的险境之中。袁以辉不敢耽误这份重要的电报，立即将电报送到了旁边的渡江指挥部。

“立即把这份电报发出去，一分钟也不能耽误！”就在袁以辉把红三军团的电报送过去不久，军委机要科通信员就送来了毛泽东、朱德等拟定的发给红三军团的一份急电。袁以辉所在的电台及时将这份急电发给了红三军团，急电的内容是命令红三军团急行军到皎平渡过江。

皎平渡只有七只小船，有的船一次只能渡一二十人。不过，就是靠着这七只小船，不但红三军团顺利渡过了金沙江，之后红一军团、红五军团也同样从这里渡过了江，三个军团加起来有数万人之多。在《红色电台长征记》这本书第八章里，袁以辉还记录了在皎平渡与毛泽东、周恩来、朱德等领导人的一次见面经历：

一天早晨，晨光熹微中，金沙江面雾气腾腾。我到江边去洗脸，顺便看看红军渡江的情形，正好碰上毛主席、周副主席、朱总司令一块儿到渡口来。周副主席的目光非常锐利，一看见我，便主动跟我打招呼：“你不是在老山界下练习收发报的那个小鬼吗？”周副主席的记忆力真好，红军有那么多战士，他只跟我说了几句话就记住了我的面貌。我立刻上前敬礼回答：“是，首长。”朱总司令也想起来了，慈祥地笑着说：“你们还拿炒豆子给我们吃哩。”我不由得微微一笑。毛主席听到我们在长征路上练习收发报的事，很感兴趣地问："小鬼，分在哪个电台工作？"我立即回答："在军委无线电营一分队，当见习报务员。"周副主席呵呵笑道："不简单哪，已经见习上了。"

朱总司令接着说："昨天是学员，今天是见习报务员，明天就要担负起报务工作来啰。"我不好意思地憨笑着。毛主席双手撑着腰，身子稍微前倾，问我："小鬼，多大岁数？在家读了几年书？"我赶紧回答："十八岁，在家读了一年'人之初，性本善'，就给地主当牛头仔啦。"毛主席向我走近两步，身子倾得更前，爱抚地望着我说："好啊，当牛头仔的能攻下电台，这就很能说明问题嘛。"

一直以来，毛泽东主席始终十分关心电台，即便是在长征途中，他也经常挤出时间多次参加电台召开的报务会，并和红军通信学校的师生们进行交流沟通。时为红三军团报务员的黄克，就记下了毛主席在铁厂时参加一次报务会的经过。

参加电台报务会议

毛泽东同军委纵队到达四川会理城郊的铁厂，出席中共中央政治局扩大会议（即会理会议）。

——《毛泽东年谱（1893—1949）》（上卷），1935年5月12日

毛泽东同军委纵队离开铁厂，到达白果湾。

——《毛泽东年谱（1893—1949）》（上卷），1935年5月15日

在皎平渡指挥红一军团、红三军团、红五军团数万人渡过金沙江的三天以后，毛泽东随红军部队来到了四川会理城郊的铁厂。与他一起到达铁厂的，自然少不了总部电台的第一分队和第六分队，以及在各军团负责电台工作的红军通信学校的师生们。

《毛泽东年谱》里并没有详细说明毛泽东到达铁厂之后的具体行程。那到达铁厂以后，除出席中共中央政治局扩大会议外，毛泽东还参加了哪些活动呢？这期间有没有与通校师生进行互动交流？

在时任无线电总队政治委员伍云甫同志的日记中，可以找到一些蛛丝马

迹。《伍云甫长征日记》记下了离开皎平渡之后，总部电台详细的行程：

队伍六时出发，自随六分队十时出发，向会理前进，至朱家坝附近宿营（三十五里）。“1K”送来广播收音机一架。

——5月10日　晴

十八时由朱家坝出发，次日一时至铁厂露营（因设营队走错路未分房子，六分队一部也走错）。

——5月11日　晴

驻铁厂，移到大平寺宿营。下午十八时开通讯部门干部政治讨论会（讨论渡江战略方针）。“1K”又送来一架广播收音机。

——5月12日　晴

驻铁厂。开一、六分队报务会，传达新规定。

——5月13日　暗

驻铁厂。

——5月14日　晴

刘有才调二十九分队，一分队陈光全、六分队施德富去干部团受训练。十七时由铁厂出发，经小黄田、单家冲、大湾营、益门镇，越一大山至白果湾宿营，到达时已次日二时余（约七十里）。

—5月15日　晴

从伍云甫日记的这个片段来看，可知红军总部电台到达铁厂后，在铁厂组织召开过一次报务会。这次报务会议的背景是，几天前红军主力刚刚渡过金沙江，将数十万国民党“追剿”部队甩在了金沙江南岸。在这次渡过金沙江的战役中，电台发挥了巨大作用，正是大家士气高涨的时候。

1935 年 5 月 13 日这一天，在铁厂召开的这次电台报务会有何不同？伍云甫日记中并没有详细记录这次会议，但参加了这个报务会的一位报务员却记下了细节。这位报务员叫黄克。此时，他正在红三军团当报务员，他在《在首长身边的日子里》中有如下记载：

开会时，总队政委伍云甫同志主持，接着是毛主席讲话。大意是，同志们辛苦了，接着表扬我们红色报务员政治责任心强，电台通信联络搞得好，使行军胜利到达目的地，还消灭了敌人，发挥了通信工作的作用等等。还讲国际、国内形势。主席讲话最多一个小时，那时主席工作繁忙，身体又不好，对电台工作这样关心、重视，使我们每个同志深受感动，决心更好地做好工作，不辜负毛主席的期望。

黄克，又名黄金罗、黄金乐。1932 年时，他原本被安排到红军通信学校无线电科第六期学习，不过却因为生疮，情绪低落，入学不到一个月就离开学校，调到了无线电总队给王诤当通信员。1934 年上半年的时候，组织上为了培养他，才又派他到坪山岗红军通信学校学习，毕业时系无线电科第八期学员。

刚开始长征的时候，黄克在军委总台下属的一个班担任班长、党支部青年干事。1935 年第二次打下遵义后，20 岁的黄克被调到了红三军团当报务员。据他回忆说，长征途中电台每个月召开的报务会，都是毛主席和朱德轮流参加的。

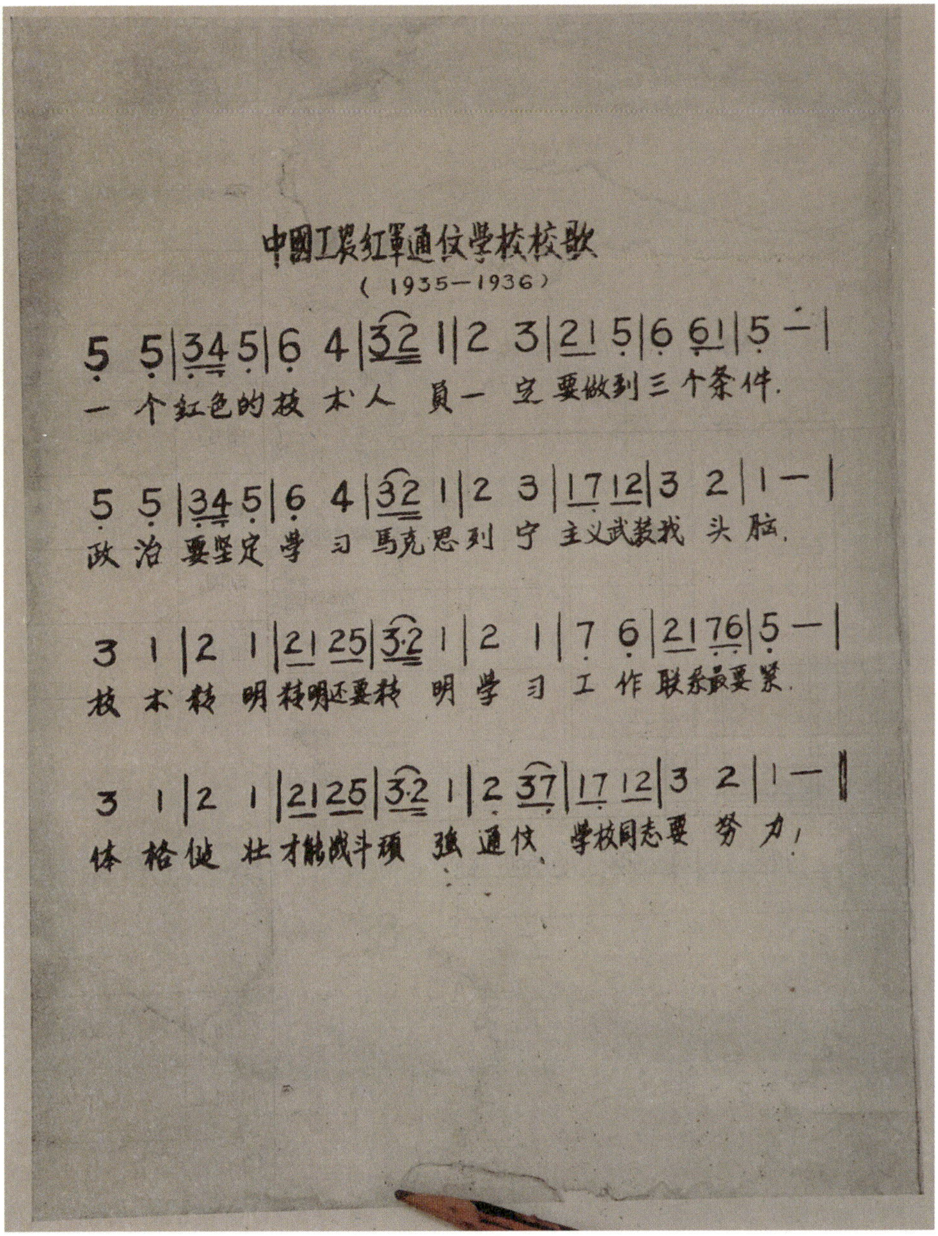

中国工农红军通信学校校歌

七律·长征

毛泽东

（一九三五年十月）

红军不怕远征难，
万水千山只等闲。
五岭逶迤腾细浪，
乌蒙磅礴走泥丸。
金沙水拍云崖暖，
大渡桥横铁索寒。
更喜岷山千里雪，
三军过后尽开颜。

背后的故事：

这首七律作于红军越过岷山后，长征即将胜利结束前。作为红军领导人，毛泽东经受住了无数次考验，曙光在前、胜利在望，他心潮澎湃、满怀豪情地写下了这首壮丽的诗篇。

第三章 延安

红军给养实行的是供给制，一律不发薪饷，只发很少的伙食尾子，也就是津贴。在部队中，每一类人员的津贴又略有区别。那么，无线电技术人员的津贴有多少？

始终优待无线电技术人员

为优待红军技术人员，节省使用各级指挥机关办公费等，毛泽东和周恩来、彭德怀发布《西北革命军事委员会关于办公费、津贴费之规定的命令》，规定无线电技术人员、医务人员、电话技术人员、红校军事教育专家，均列为技术人员，发给特殊津贴。

——《毛泽东年谱（1893—1949）》（上卷），1935年12月17日

1935 年 12 月 17 日召开的瓦窑堡会议期间，毛泽东、周恩来、彭德怀签发了《西北革命军事委员会关于办公费、津贴费之规定的命令》。在这个命令里，无线电技术人员的津贴调整到了多少？在回答这个问题前，我们先回顾一下历史。

井冈山时期、瑞金时期以及长征途中，我们党尚未执政，钱来得不容易，每一分都要精打细算。所谓精打细算，无非就是开源节流。因为开源的渠道少，所以大家都极其俭朴，养成了节流的习惯，但有一个例外，那就是对待技术人员。

1931 年年初，无线电训练班刚成立的时候，因为深感无线电通信的重要性，组织上特别关注参加红军的这批无线电技术人员。为了照顾他们，上

级给王诤每月的津贴是五十块银元，其余人员分别为四十块、三十块银元不等。为了便于携带，组织上还把银元换成戒指发给他们。对比一下当时红军战士每天三个铜板的伙食费，就可以知道五十块银元意味着什么。当时，大约一百个铜板可以兑换一个银元，也就是说王诤每月的津贴是普通红军战士的五十倍以上。而当时毛泽东总政委、朱德总司令每个月的津贴，也远远不及王诤的“月薪”。

红四方面军无线电训练班第四期学员、原北京邮电学院党委书记、老红军秦华礼曾回忆道：“（红军）对电台技术人员的生活给予优待，发给津贴费，红军自己培养的报务员一个月给三块大洋，解放过来的技术人员给得更多，沈毅力是六十块，刘光甫是一百块，另外还给电台五块钱的夜餐费。”

关于无线电技术人员的津贴还有一段趣事，那就是王诤等人后来曾一再主动要求“降低津贴”。第二次反“围剿”前夕，全体电台人员给总部写信，要求减免津贴。上级表扬了他们的风格，适当削减了他们的技术津贴，同时说明对待技术人员在生活上应该有所照顾。后来只是把津贴酌减了一些，将五十块银元减为三十块银元，三十块银元减为二十块银元。

长征结束后，刚刚到达陕北的中央红军，经济上依然捉襟见肘。1935 年发布的这个《西北革命军事委员会关于办公费、津贴费之规定的命令》，旨在节省使用各级指挥机关办公费等，但却对无线电技术人员开了绿灯。

《命令》明确规定：部队津贴分三等，一般人员每月一元，团级干部每月两元，团以上干部每月三元，工程技术员享受三元最高津贴。可见，虽然与之前相比，无线电技术人员这时候的津贴已经降到了很低的程度，但依旧享受的是部队里的最高待遇。

后来，经济状况有所好转，上级又再次相应地提高了无线电技术人员的津贴。《王诤传》记载：1936 年 9 月 25 日，中央军委以参谋长叶剑英、副参谋长张云逸、三局局长王诤的名义，颁布《关于无线电技术人员津贴之规定》，将电台技术人员依其技术熟练程度分为五等，最高每月十五元，最低两元，以示优待技术人员。

与此同时，另一份资料显示，这时期师长以上，政府主席、委员和边区参议会议长、常驻议员、大学校长等，每月津贴一律五元；旅长、专员、处长及各中学校长等四元；团长、县长、县议会议长及科长等三点五元；营长、区长、各小学校长等三元；连长、排长两点五元；班长、伙夫、马夫及通信员等两元；学员、战士及勤务员等一点五元。

红一方面军长征胜利后，到达陕北的红军通信学校部分人员，与原陕北红军无线电训练班合并，在瓦窑堡成立了西北军委通信学校。在艰苦的环境中，军委通校师生们一边坚持开展无线电教学工作，一边完成了总部下达的各类通信保障任务。

乔装商队“老板”携带电台搞侦察

毛泽东从瓦窑堡经延川到达延长县城红一方面军司令部，在延长主持召开西北革命军事委员会会议，进一步讨论战略方针和东征战役问题。就渡河侦察注意事项，和彭德怀致电红一军团参谋长左权，指出：侦察任务至迟于二月五日完成，

——《毛泽东年谱（1893—1949）》（上卷），1936年1月31日

毛泽东在清涧县袁家沟，侦察渡口情况，督促渡河准备工作。晚九时，和彭德怀致电叶剑英、林彪、聂荣臻……晚十一时，毛泽东、彭德怀致电叶剑英、杨立三……

——《毛泽东年谱（1893—1949）》（上卷），1936年2月8日

1935 年 12 月，跟随中共中央北上的红军通信学校部分人员，会同陕北红军无线电训练班，在瓦窑堡水沟坪合并成立了西北军委通信学校。新成立的军委通信学校，由吴泽光任校长。军委通信学校成立以后，学生多了起来，既有原来陕北红军无线电训练班的学生，也有刚从红二十五军选来的九名同

学，还有十几名刚刚经历过长征的年轻战士。根据学习进度，军委通校将这些学生大体分为一、二、三期，同时开展教学。

这时候，中央红军有电台五部，报务员二十三人，机务员三人，见习员四人，技工两人。陕北红军有电台三部，报务员六人，被俘技术人员四人。八部电台，三十余名报务、机务人员，这既是刚到延安时红军无线电的家底，也是新成立的军委通校的家底。

1936 年 1 月下旬的一天，此时正在陕北甘泉前线的红军通校毕业学员曹丹辉，接到军委从瓦窑堡发来的一份电报，军委命令曹丹辉立即赶到延长去，执行一项紧急任务。曹丹辉立刻带着电台火速奔赴延长。

到达延长后，走到街北头一座小山包脚下时，曹丹辉一行忽然惊喜地看见，小山包脚下一排窑洞前，正站着毛泽东主席！主席微笑着对大家说："来得好快呀！好，你们就在我旁边住下吧！"主席的随员已替他们分好了房子，就在旁边的一排窑洞里。

但随毛泽东主席去执行什么任务呢？这还是一个谜。到延长的第三天大清早，天刚蒙蒙亮，曹丹辉等带着电台就随主席向延长东北的清涧方向出发了。主席身边，除了他们这些通校毕业学员组成的电台工作人员之外，就只有秘书黄友风同志以及几个机要员和一个警卫班了。

那时刚刚过了农历新年，陕北的天气还很冷，山上的背阴处和山沟里还铺着一层积雪，寒风刺骨。沿途行进过程中，主席只穿一件青布棉大衣，一双旧棉鞋，拄根树棍走在队伍前面，很少骑马。走了三十多里，大家停在一个僻静的小山沟里休息。这时候，主席把大家集合起来，站在一块小坪上开始讲话。

"同志们，我们这次行动，你们觉得奇怪吗？我们要在根据地内'游览'一番，看看陕北好地方，尝尝小米熬米汤。"毛主席风趣的话，引得大家轻松地笑起来。冷清清的小山沟里，空气好像一下子温暖了许多。

毛主席接着和蔼地嘱咐大家说：“游山玩水，当然不是我们的事。我们这次出发，是为了一次重要的军事行动。什么样的行动呢？今天不讲，以后你们就会知道。今天我只向你们讲两件事：一是我们要搞好群众关系，坚决执行三大纪律、八项注意，多调查了解群众情况，多向群众宣传。二是要注意保密，不要说我们是中央红军，也不要说我是主席，如果有人问我们到哪里去，就说是去做买卖。刚才毛泽民同志（当时根据地的对外贸易总局局长）不是前面走了吗？他就是专门搞买卖的。要是老乡问我是什么人，就说我是你们的‘老板’好了。”毛主席给大伙儿当“老板”，大家听了都大笑起来。就这样，这支百余人的“商队”，晓行夜宿，跋山涉水，一直向东北方向行军，越走越接近黄河。几天后，这支队伍就到了离黄河不到半天路程的一个山村——清涧县袁家沟。

到袁家沟以后，曹丹辉等人逐渐弄明白了这次行动的目的。从电台收信机的强信号中，他们已经可以判断出：红军主力红一军团和红十五军团的电台离他们很近了。原来，这次跟随主席乔装商队所执行的侦察任务，是为东渡黄河做准备！值得一提的是，在这次乔装商队开展侦察工作期间的某一天，适逢天降大雪，毛泽东还创作了脍炙人口的词作《沁园春·雪》。

1936 年 2 月 18 日，毛泽东与彭德怀在袁家沟发布了东征作战命令。随后发生的东征战役历时七十五天，红军共歼灭国民党军约七个团，俘四千余人，缴获各种枪四千余支，炮二十余门。在此期间，扩大红军八千余人，筹款三十多万元，并在山西省二十余县开展了群众工作，宣传了中国共产党的抗日主张，扩大了共产党和红军的政治影响，也推动了抗日民族统一战线和抗日救亡运动的发展。

沁园春·雪

毛泽东

（一九三六年二月）

北国风光，千里冰封，万里雪飘。
望长城内外，惟余莽莽。
大河上下，顿失滔滔。
山舞银蛇，原驰蜡象，欲与天公试比高。
须晴日，看红妆素裹，分外妖娆。

江山如此多娇，引无数英雄竞折腰。
惜秦皇汉武，略输文采。
唐宗宋祖，稍逊风骚。
一代天骄，成吉思汗，只识弯弓射大雕。
俱往矣，数风流人物，还看今朝。

背后的故事：

东征侦察时，毛泽东主席在陕西清涧县袁家沟一带休整了 16 天。其间，袁家沟下过一场大雪。当时，他住在农民白治民家中。深夜，看见壮美雪景，颇有感触，于是填写了这首词。《沁园春·雪》首发于 1945 年 11 月 14 日重庆《新民报·晚刊》，后正式发表于 1957 年 1 月《诗刊》。

在红军部队中，电台技术人员的津贴始终是最高的。毛泽东主席不单是在待遇上始终优待和照顾电台技术人员，他对于通信学校师生的关怀，还体现在日常生活中，甚至是在艰苦的行军转移时。

把担架让给生病的电台技术人员

毛泽东和彭德怀率红二十八军离开康城镇，前往桑壁镇红一军团军团部。连日研究敌情，及时调整部署。

——《毛泽东年谱（1893—1949）》（上卷），1936年4月25日

1936 年 4 月 22 日凌晨一时，身在山西西南隰县北部康城镇的毛泽东、彭德怀，发了一封电报给桑壁镇的林彪、聂荣臻等。这封电报的内容大意是说：山西的敌军正在从东、南、北三个方向构筑一道封锁线，企图将东征的红军一举消灭。

当天晚上十二时，毛、彭再次致电林、聂，提到“万一情况改变到暂时不许可我们在山西继续活动时，我们也准备暂时地回到陕、甘，经营神府区域、三边区域、环水区域、渭水区域、陕南区域等次要的战略方向”。也就是说，如果打不下去了的话，红军就会过黄河，先回陕北再说。

4 月 24 日，情况进一步恶化，确切情报显示：国民党军将大举向红军进攻。于是红军决定：总部于明日率第一分队由康城镇出发，三天后到达桑壁镇与林、聂开会。

康城镇和桑壁镇是山西省两个普普通通的小村庄。康城镇，位于吕梁市交口县；桑壁镇，位于临汾市永和县。康城镇和桑壁镇，相距大约一百公里，步行至少需要三天时间。在这一次转移过程中发生的一个小故事，再一次体现了毛泽东对于电台工作人员的关心。

黄克，红军通信学校无线电科第八期学员。长征途中，他在四川会理城郊的铁厂，记录过一次毛泽东参加电台报务会议的情形。1936 年 2 月开始的这次东征战役中，黄克与曹丹辉等一起就在主席身边的电台里工作。

黄克在《在首长身边的日子里》中写下了这样的回忆：

1936 年，东渡黄河完成侦察任务后，我被调回总队，在毛主席身边的电台工作。有一段时间病得很厉害，一个礼拜水汤不进肚，那时部队正准备回陕北去。

我病了一个星期，又不能骑马，队长请示主席是否把我留在黄河东岸养病。主席严肃地批评队长说：“是不是准备把我们的红色报务员送给阎锡山？”主席指示拿他的担架给我坐，队长不愿意，主席说：“我可以骑马。”

我就这样昏昏沉沉地坐上了主席的担架。当晚到了宿营地，我的病好多了，可以吃面条了。当我知道自己是坐了主席的担架，内心万分激动，毛主席这样无微不至地关心一个革命战士，使我永世不忘。第二天，我就坚决改为骑马了。

宁愿自己骑马，也坚持把担架让给黄克坐，这就是在战争年代艰苦的行军途中，毛泽东主席对一名普通的电台技术人员无微不至的关怀。

《毛泽东年谱》中，1936 年 12 月 3 日未记载任何内容。这一天毛泽东做了什么事情呢？其实，在通校学员刘泮林的回忆文章里有详细记载。

看望跟随左路军长征的通校师生

毛泽东出席总参谋部二局、三局工作人员联欢会，并发表讲话。

——《毛泽东年谱（1893—1949）》（上卷），1936年12月8日

1936 年 11 月 30 日，刘泮林来到中共中央机关所在地保安县（今志丹县）。与他一起来的，还有跟随左路军长征的红军通信学校部分师生。

一年多前，红一、红四方面军在四川懋功胜利会师。在松潘县毛儿盖召开的政治局会议上，红军决定组织左、右两路大军北上。其中朱德、张国焘率领左路军，毛泽东、周恩来率领右路军。与此同时，红军通信学校也被一分为二，一部分由政治委员伍云甫带队跟随左路军行动，另一部分由局长王诤率领留在右路军。刘泮林所在的电台，原来是属于红军总部的，但在松潘县毛儿盖时，他被派往了左路军总指挥部。

刚到保安的第三天早晨，也就是 12 月 3 日，刘泮林等正在驻地准备洗补衣服，王诤突然从外边走了进来，小声而激动地告诉大家："同志们，快快收拾一下，毛主席就要来看我们了。"

从离开瑞金时一路跟随，到毛儿盖一别，此时的刘泮林已经一年多没见过毛主席了。听说主席要来看大家，不只是刘泮林，其他同志也都高兴得跳

了起来。大家急忙放下衣服、针线，围着王诤问这问那。

王诤见大家如此高兴，连连挥手嘱咐说：“同志们，毛主席忙得很，白天、夜晚都在开会、写文章、做报告、给红大讲课，能挤出时间来看大家，真的是太关心我们了。毛主席来了以后，大家一定要肃静，千万不能像过去那样缠着不放。”

半年前，中共中央机关离开陕北安定县（今子长县）瓦窑堡，经安塞县境，于7月3日进驻保安县。在保安期间，毛泽东参加了许多会议，还接受了美国记者斯诺的采访，撰写了多篇重要著作，并给红军大学一科（上干队）讲授“中国革命战争的战略问题”。

王诤提醒大家要肃静，主要是怕他们因为兴奋和激动，过度打扰到毛主席。

三年多前，还是在瑞金坪山岗的时候，毛泽东就经常去和通校师生们谈心交流，询问学习、工作情况，并给刘泮林那一期的学员们讲过“鲁班石”的故事。此时，刘泮林已经18岁了，虽然年纪并不大，但却是经历过长征的一名“老兵”。而且由于张国焘的错误指挥，他们三过草地，吃了比别人更多的苦！

刘泮林是这样回忆当天毛泽东来看望大家时的情景的：

忽听得有人高喊道：“毛主席来了！”同志们早已忘记了整队，都向窑洞外拥去。这时，毛主席微笑着走过来。他那稳健的步伐，慈祥的神情，还和过去一样，只是脸比长征路上又清瘦了。他边走边挥着手说：“今天我特地来慰问你们。同志们一路辛苦了！”

毛主席进了窑洞，和以往一样，在我们中间坐下，开始了亲切的讲话。他说：“这一年，你们和红四方面军的同志们，多吃了些苦，多爬了些山，这算不了什么，革命的道路总不会是一点儿弯子也没有的。如果有人因为吃了点子苦，就不愿在红四方面军工作，那就不对了。红四方面军也是党领导的军队，今后，我们还要尽可能多派一些人去工作，和他们团结在一起，共同进步。”

讲到革命形势，毛主席说：“现在形势空前好，新的革命高潮就要来了。今后通信工作也要大发展，你们的担子更重了。”讲到这里，毛主席又笑着问我们，是不是还有人不安心工作。他好像已经了解到，近来我们有些同志的心又动了，想到抗日前线去，不愿在后方。自然，在毛主席面前，谁也不肯说这话。

毛主席见大家笑着不回答，就又说道：“我们干革命的，就要听党的话，党需要在哪里工作，就到哪里去。”他又说：“革命事业总得有个分工嘛，不能随个人挑挑拣拣，如果有人对革命工作还抱有贵贱之分的想法，这是不对的。”

毛主席谈话，总是那么通俗，好打比喻。讲着讲着，他又打了个比方：“有些人瞧不起挑大粪的工人，把他们看得一钱不值，把他们看作下等人，这是很不公平的。拿上海来说，那是个大城市，高楼、大厦，很繁华。你们说说看，这个城市要是没有挑大粪的工人会怎么样？上海不就变成臭海了？”同志们听着，都笑开了。不过，大家都深深地懂得，毛主席的这个比喻，和那鲁班石的故事一样，其中包含多么深刻的真理！

这次见面后不久，紧接着发生了两件事情：一是五天后，毛泽东出席了总参谋部二局、三局工作人员的联欢会，并发表讲话。参加这次联欢会的人员，大部分都是通校师生和从通校毕业的学员。二是跟随左路军到达保安的红军通信学校师生，随即与一年前成立的西北军委通信学校进行了合并，新成立的学校叫做中央军委通信学校，校址设在瓦窑堡。

“五四”运动是一场以青年学生为主的爱国运动。1939 年 4 月下旬，正值五四运动二十周年之际，毛泽东在延安的窑洞里完成了《“五四”运动》一文。可以肯定地说，这段时间他的脑子里必定始终萦绕着青年学生的身影。也就在这个月的一天，他接见了前往保安的中央军委通信学校全体师生，并给他们讲了一次话，勉励大家要当无名英雄。

勉励通校师生要当无名英雄

毛泽东写《五四运动》一文说：“二十年前的五四运动，表现中国反帝反封建的资产阶级民主革命已经发展到了一个新阶段。”文中首次提出以下论断：“革命的或不革命的或反革命的知识分子的最后的分界，看其是否愿意并且实行和工农民众相结合。”这篇文章编入《毛泽东选集》。

——《毛泽东年谱（1893—1949）》（中卷），1939年4月下旬

1938 年 11 月，中央军委通信学校第十三期在陕北延安富县督河村开学。这一期的培训人数，是军委通信学校校史上规模最大的，学员先后分五批到校，共计一百三十余人，被编为三个队进行学习。这些学员中，既有从抗大、陕北公学来的青年学生，也有从抗大职工大队来的工人，因此文化程度相对较高。

1939 年年初，国民党掀起了反共高潮，军委通校办学出现一定困难。首先是由于国民党封锁了边区，运粮的途径断了，粮食补给一度出现问题。其

次是国民党经常性地制造摩擦，摸八路军的哨，威胁住地安全，严重影响了训练。通校学员杜牧平曾回忆说，因为国民党常来骚扰学校，夜间视线不好，看不清楚，通校哨兵曾开枪打死过老百姓的牛。就是在这样的背景下，军委通校决定转移到相对安全一些的保安继续办学。

1939 年 4 月下旬，军委通信学校离开督河村前往保安。就是在这次转移路过延安时，军委三局王诤局长请毛泽东、陈云等接见了军委通校的全体师生。

《王诤传》第 81 页是这样记载的：

毛主席讲了无线电通信的重要性，要求大家好好学习，学成后上抗日前线去，还说办好学校主要靠校长和教员。毛主席指着笔直站在一旁的王诤说："他是红军无线电通信工作的创始人，很有贡献。你们大家要向他学习。"毛主席还要求大家加强宣传工作，宣传抗日，宣传统一战线，强调宣传工作要为工农着想，批评有的人把标语上"工人"的"人"字加上三撇，工农是不认识的。

陈云讲话时强调了学好知识和本领的重要性。他说："不学习，不得了！学好了，了不得！"陈云勉励大家努力学习，他还深入浅出地讲了历史唯物主义的基本观点，强调革命青年要树立起阶级观点、群众观点、劳动观点。

军委通信学校时任教务主任王曙回忆说：

途经延安的时候，毛主席在中央党校礼堂亲切接见了全体师生，我第一次亲耳聆听毛主席讲话，受到的教育是非常深刻的。

军委通信学校第十三期学员、三队队长张可曾回忆说：

毛主席由王诤局长、吴泽光校长、张振球政委陪同进入礼堂。王局长把学员队长、指导员介绍给毛主席，毛主席和他们一一握手，然后登台讲话。他说：“通信工作是机要工作，是党和军队的重要工作，是耳目。没有通信联络工作，中央、司令部和作战部队缺乏准确及时的无线电联络，军队打不了胜仗。王诤同志是军队通信工作的‘开山鼻祖’，过去他们做了不少工作，有很大成绩，今后你们还要做出更大的成绩。你们要当无名英雄，人民群众都是英雄。我们革命队伍里有有名英雄，有无名英雄。许许多多轰轰烈烈的革命斗争都是无名英雄参加进行的，许许多多卓越的功绩都是无名英雄创造出来的。朱总司令是有名英雄，报纸上要登总司令嘛！广大指战员包括你们做无线电工作的、当教员的、当炊事员的，都是无名英雄。有名英雄是少数，无名英雄是多数，多数啊！”毛主席还讲了抗战形势，最后勉励大家埋头苦干，艰苦奋斗，钻研和精通业务，做出更大的成绩。

军委通信学校第十三期三队学员张正沧回忆说：

路过延安时，我们在八路军大礼堂听了毛主席讲话。他说：“孙悟空一蹦十万八千里，你们比孙悟空还厉害。孙悟空还得蹦，你们手这么一摁，何止十万八千里？”毛主席精辟而又风趣的比喻，对大家的鼓舞很大，使同志们更加坚定了克服困难、完成学习任务的决心和信心。

然而，军委通校 1939 年 4 月下旬的这次转移，并没有达到预期的效果。到达保安后，工作、学习和生活条件其实更差，学生和教员都要一边学一边教，一边上山开荒生产，导致教学计划难以如期保质完成。同年 7 月，学校不得不再次转移，迁到延安附近的川口继续办学。

《通信战士》这份刊物是王诤提议创办的，也是军委通校的一份校刊。当初筹办刊物时，考虑到延安的一些军政报刊都有毛主席的题字或题词，大家都希望毛主席能够为这份刊物题写刊名和发刊词。后来，毛主席题写了刊名。

为《通信战士》创刊题写刊名

中共山东省委机关报《大众日报》发表毛泽东为纪念该报创刊一周年的题词："动员报纸、刊物、学校、宣传团体、文化艺术团体、军队政治机关、民众团体及其他一切可能力量，以提高民族觉悟，发扬民族自信心与自尊心，反对任何投降妥协的企图，坚持抗战到底，不怕困难，不怕牺牲，我们一定要自由，我们一定要胜利。"

——《毛泽东年谱（1893—1949）》（中卷），1940年1月1日

就在《大众日报》发表毛泽东为纪念该报创刊一周年题词的同一天，延安军委三局里，一份名叫《通信战士》的油印刊物创刊了。这是我军历史最悠久的刊物之一。当时，军委三局、通信材料厂、军委通校，都集中在延安西川河的盐店子附近，这份刊物实际上也是通校师生的校刊。

韩古农（王进）和韩诗农（林风）是兄弟俩，他们是中央军委通信学校第十一期甲班学员，1938 年 8 月毕业，后到军委三局教导队学习了两个月。就在这里，他们的人生命运与《通信战士》这份刊物出现了交集。

1939 年，毛泽东主席提出了"知识分子工农化，工农干部知识化"的口

号，于是王诤决心创办一份通信部门自己的刊物，目的是传播科学技术知识，交流工作经验，进行革命形势的宣传教育，推动各项工作开展。

王诤为什么会看中韩氏兄弟？原来，在奔赴延安参加革命之前，来自苏浙交界地区嘉善的这兄弟俩，都念过高中。其中一位在读高中时参加过英语讲演比赛，另一位则曾主编过全校的联合墙报，课余时间还经常给开明书店的《中学生》杂志投稿。可以说，他们对于写稿和当编辑有一定的特长。

1939 年秋天的时候，韩氏兄弟被正式调入军委三局本部工作。到了三局以后，他们一边参考王诤提供的两本英文原著《无线电物理》和《电话学》，编写供培训干部用的教材《电磁学》和《电话学》，一边投入到了办刊的前期筹备工作中去，买来了油印机、钢板、蜡纸，成为了《通信战士》杂志的第一任编辑。

有一天，在谈论刊物名称的时候，王诤说："科技刊物是科技发展的先行官，这个刊物是我们通信部门自己的刊物，刊物名称中应该离不开'通信'两个字。"韩氏兄弟中的一人想了想说："叫《通信战士》好不好？"王诤立即拍板，说："好！就叫《通信战士》。"

不久后的一天，正赶上吃午饭，王诤边吃饭边问韩氏兄弟："设备都有了吧？你们今晚就写好《通信战士》发刊缘起，明天早上交给我，我一早要去中央军委开会。"受领了这样的任务，韩诗农特别兴奋，立即动手起草"发刊缘起"，当晚就交了卷。当时，延安的一些军政报刊都有毛主席的题字或题词。因此在这份"发刊缘起"中，也恳请毛主席为刊物题写刊名，并为创刊号写一个简短的发刊词。

过了十多天，毛主席的批复回来了，是一个大信封，里边装着毛主席为《通信战士》题写的刊名，在三张 32 开的毛边纸上，主席一连书写了三个"通信战士"。毛主席在退回的"发刊缘起"上批示："我没有时间写发刊词，你们好好办吧。"看着毛主席的题字和批示，王诤和韩氏兄弟三个人激动的心情溢于言表，他们把毛主席手书的“通信战士”精心刻成了木印章。

后来，是王诤自己为《通信战士》写了发刊词，并谦逊地对韩氏兄弟说：“交稿啦！不过不要叫发刊词，题目就叫‘写在前面的几句话’吧。”发刊词里写道：“从 1930 年到今天，通信工作的作用当抵得若干武装队伍的力量——依靠它来掌握战斗全局；依靠它来实现党的及时领导；依靠它来明了国内外的情况。”同时，王诤还给创刊号题了词：“坚定不移的政治方向，一点一滴的实际工作，争取革命的最后胜利！”

1940 年 1 月 1 日，首期《通信战士》杂志正式诞生了。它一出刊便受到了广大通信干部和战士的欢迎。后来，在党中央和毛主席等的热切关怀和广大通信兵的支持帮助下，《通信战士》越办越红火。除开辟“电学讲座”“制造报告”“技术问答”“工作经验”等技术性专栏外，还刊登了很多反映通信战士生活的通讯、散文、报告文学、诗歌、随笔等。

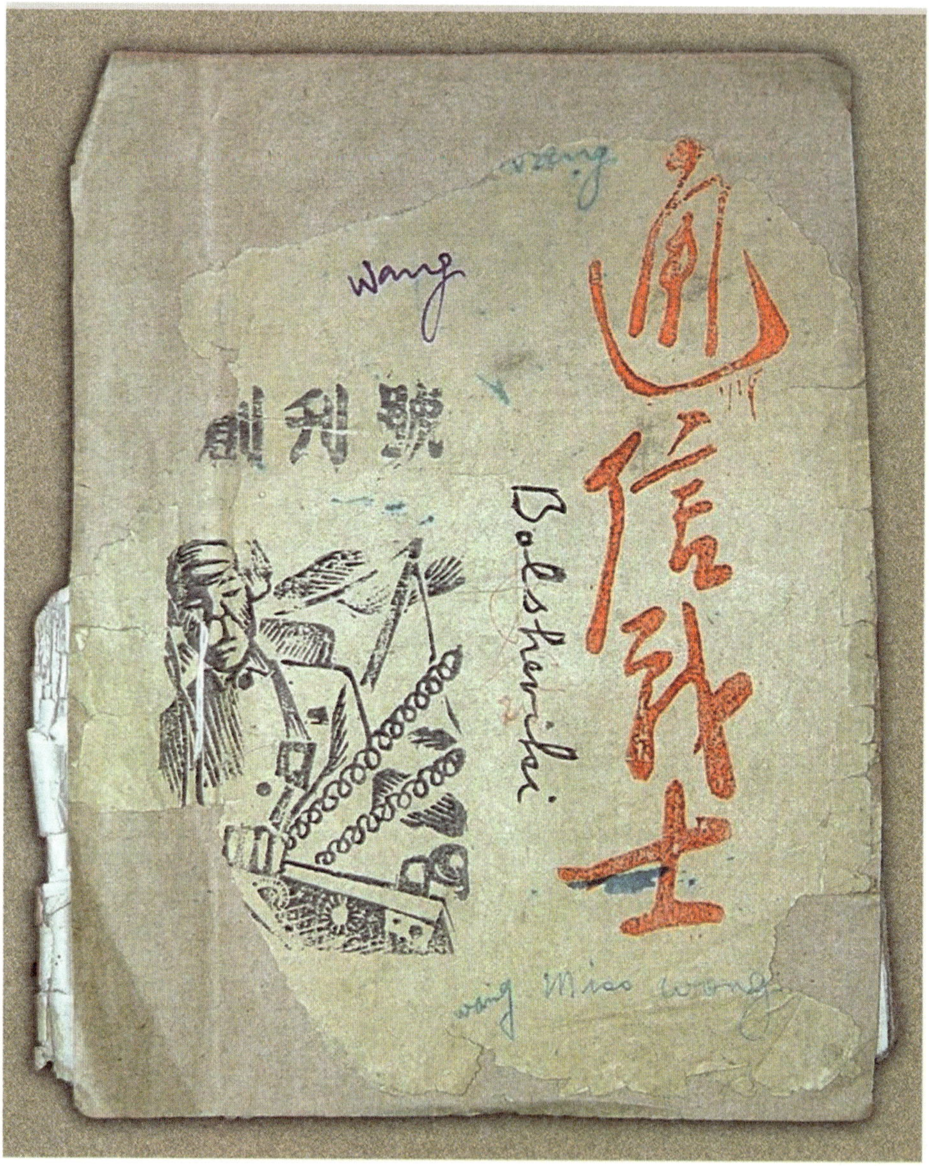

● 由毛泽东题词的《通信战士》创刊号

中央军委通信学校在盐店子办学时，和当时同属于军委三局领导的通信材料厂，其技术人员、授课教师、学员工人，其实都是同一批人。当时通信材料厂曾为抗战自行研制了若干通信设备，建厂两周年向毛泽东主席汇报时，主席题词表扬了他们这种克服困难发展生产力的精神。

为延安通信材料厂两周年庆祝展题词

毛泽东在杨家岭中央大礼堂召开的延安高级干部会议上作报告，讲述《中共中央关于目前形势与党的政策的决定》（一九四〇年七月七日发出）。

——《毛泽东年谱（1893—1949）》（中卷），1940年7月6日

被称为“战士、博士、院士”的“三士科学家”罗沛霖，1938 年至 1939 年期间，曾在延安盐店子通信材料厂任工程师，他是西电延安时期的杰出校友之一。当时，通信材料厂和军委通校这两个单位，都隶属于军委三局，其实是一套人马、两块牌子，他们一个负责生产制造通信设备，一个负责培训通信人员。

1938 年 4 月，为了适应抗战需要，对付国民党军队对边区的封锁，军委三局决定建立自己的通信材料厂，制造无线电发报机。这时候，毕业于上海交通大学电机系，曾在中国无线电业公司任过见习工程师，刚刚到达延安的罗沛霖，被任命为工厂的工程师，主要负责技术和生产。这个厂的厂长，先是由段子俊担任，后来则由王诤亲自兼任。

1938 年 5 月 1 日，延安通信材料厂正式建厂。材料厂初建时，全厂只有二十余人，设备仅有小型车床、刨床、砂轮各一台。随后，厂里利用周恩来从外面运来的一大卡车通信材料，正式开始了制造电台的尝试。到 1939 年罗沛霖因为工作需要离开延安的时候，材料厂已经生产了五六十台无线电发报机，配上从外边购买来的手摇机，送到了抗日前线去。

这些电台设备，大都是 7.5 瓦的。为了适应部队需要，罗沛霖还曾带领着工友们设计制造了一台 50 瓦的发射台，用的是 211 电子管，电源用的是汽油发电机。

1940 年 7 月初，此时已改名为罗荣思的罗沛霖，正在重庆“青年科学技术人员协会”担任企业干事。而在延安，他曾担任过工程师的通信材料厂，组织了建厂二周年庆祝活动。为了检阅两年来的成绩，总结经验，军委三局举办了一个通信器材展览会，展出了部分自制的生产设备、无线电收发报机以及各种无线电元件和零部件。这些产品包括可变电容器、慢动刻度盘、电子管插座、灯丝变阻器、波段圈、插座、钮子开关以及发报电键等。朱德总司令和张闻天、王稼祥等领导参观了展览会。看到这么多自制的通信设备，他们指示一定要把这个了不起的成绩向党中央、毛主席汇报。

1940 年 7 月 7 日，王诤带着由罗沛霖当初及其后来的战友们自制的电台收发报机等设备，前往杨家岭向毛泽东、朱德汇报并演示。就在这一天，毛泽东主席、朱德总司令挥笔为延安通信材料厂题了词。毛泽东的题词是：“发展创造力，任何困难可以克服，通讯材料的自制就是证明。”朱德的题词是：“努力进行交通战，建设自己的交通，破坏敌人的交通。”这两幅宝贵的题词，随即被刊发在军委三局创办的《通信战士》杂志第四期和第五期的合刊上，成为延安通信材料厂成立两周年的一份特殊纪念礼。

就在毛泽东和朱德为通信材料厂题词的同一天，中共中央发表了《为抗战三周年纪念对时局的宣言》，再次号召全国人民团结起来，为克服投降危险和战胜困难而斗争。随后，在题词精神的鼓励下，延安通信材料厂等继续发展生产力、克服困难，不断加强通信装备的研制，有力地增强了人民军队当时的通信保障能力。

据统计，1937 年抗日战争全面爆发时，八路军和新四军只有电台三十四部。到全面抗战两周年时，华北各根据地有电台一百六十五部，华中、江南各根据地有电台五十八部，共计二百二十三部。全面抗战四周年时，华北有电台二百五十三部，大江南北与中原有电台一百零二部，共计三百五十五部。1943 年电台总量达到五百部，而到日本投降前夕则发展到了近七百部。

军委通信学校校刊《通信战士》的创办和发展，始终受到毛泽东主席的高度关注。创刊伊始，他为杂志题写了刊名。第四期和第五期合刊上，刊载了他为通信材料厂的题词。在《通信战士》创刊快一周年时，他又为杂志亲笔题了词。

为《通信战士》题词

毛泽东出席在这一期间举行的中共中央政治局扩大会议。会议检讨了党在十年内战后期的领导路线问题。九月十日，毛泽东在会上作关于反对主观主义和宗派主义的报告。会议决定，毛泽东为中央研究组（又称中央学习组）组长。这次会议，对十年内战后期中共中央领导犯了“左”倾机会主义路线错误的问题，基本上取得了一致的认识。

——《毛泽东年谱（1893—1949）》（中卷），1941年9月10日—10月22日

1941年10月10日出版的第十一期《通信战士》，刊登了毛泽东主席为《通信战士》和通信兵的题词：“你们是科学的千里眼顺风耳。”对毛泽东来说，把通信兵比作“千里眼”“顺风耳”，这并不是第一次，有记录的历史资料显示，最早可以追溯到第二次反“围剿”取得胜利时的那次庆功大会上。

1931年4月至5月间，面对国民党来势汹汹的第二次“围剿”，毛泽东、朱德指挥红军，凭借着刚刚成立的无线电训练班师生们截获的电报信息，十五天内横扫七百里，五战五捷，共歼灭国民党军三万余人，缴枪两万余支，彻底打破了敌人的第二次“围剿”。关于第二次反“围剿”中通信兵发挥的

重要作用，在本书开篇文章《第一个教具》里，时为无线电队首任政治委员的冯文彬就有过论述。

1931年5月31日晚，也就是第二次反“围剿”取得第五个胜仗的当天晚上，毛泽东在建宁城西门外红三军团总部主持召开了中共红一方面军临时总前委会议，讨论并决定了下一步的行动方向、工作任务等问题。会上，红一方面军总司令部决定成立无线电队，并筹办无线电第二期训练班。

当天晚上的这个会议，其实也是一个庆功大会。会上，毛泽东当众表扬了王诤等人，并对大家说：“自从他们参加了红军，使我们也有了千里眼、顺风耳，这可是克敌制胜的一大法宝啊！”这也是毛泽东第一次把通信兵比作“千里眼”“顺风耳”。

在首期训练班学员曹丹辉的记忆中，朱德总司令在小布、黄陂给他们做思想工作时，是这样说的：“毛委员说你们是‘千里眼’‘顺风耳’，是指整个无线电通信队，不是你们哪一个人，你哪一个人能当得了红军的‘千里眼’‘顺风耳’呀！”

时间回到1941年10月左右，也就是《通信战士》创刊快一周年的时候，王诤决定去请毛主席为《通信战士》题词。《王诤传》是这样记载的：

一天，王诤从中共中央所在地杨家岭开会回来，一走进《通信战士》社的屋子里，便欣喜万分地说：“毛主席的题词来了！”那是一张16开宣纸，上面竖写着刚健严谨、气势磅礴的十二个毛笔字：“你们是科学的千里眼顺风耳。”

1941年9月10日，中共中央政治局开始在杨家岭召开政治局扩大会议，王诤当时参加的那次会议，就是这次扩大会议中的一次。

从1931年表扬以王诤为代表的通信兵是“千里眼”和“顺风耳”，到

1941 年通过再次题词的方式固化这个比喻，毛泽东同志为《通信战士》和通信兵的这个题词，既是对前后方这些无名英雄屡立战功的充分肯定，也是对无线通信科学技术的由衷尊重，同样还饱含着他对军委通校这样一个通信战士培养苗圃的高度认可和殷切期望。

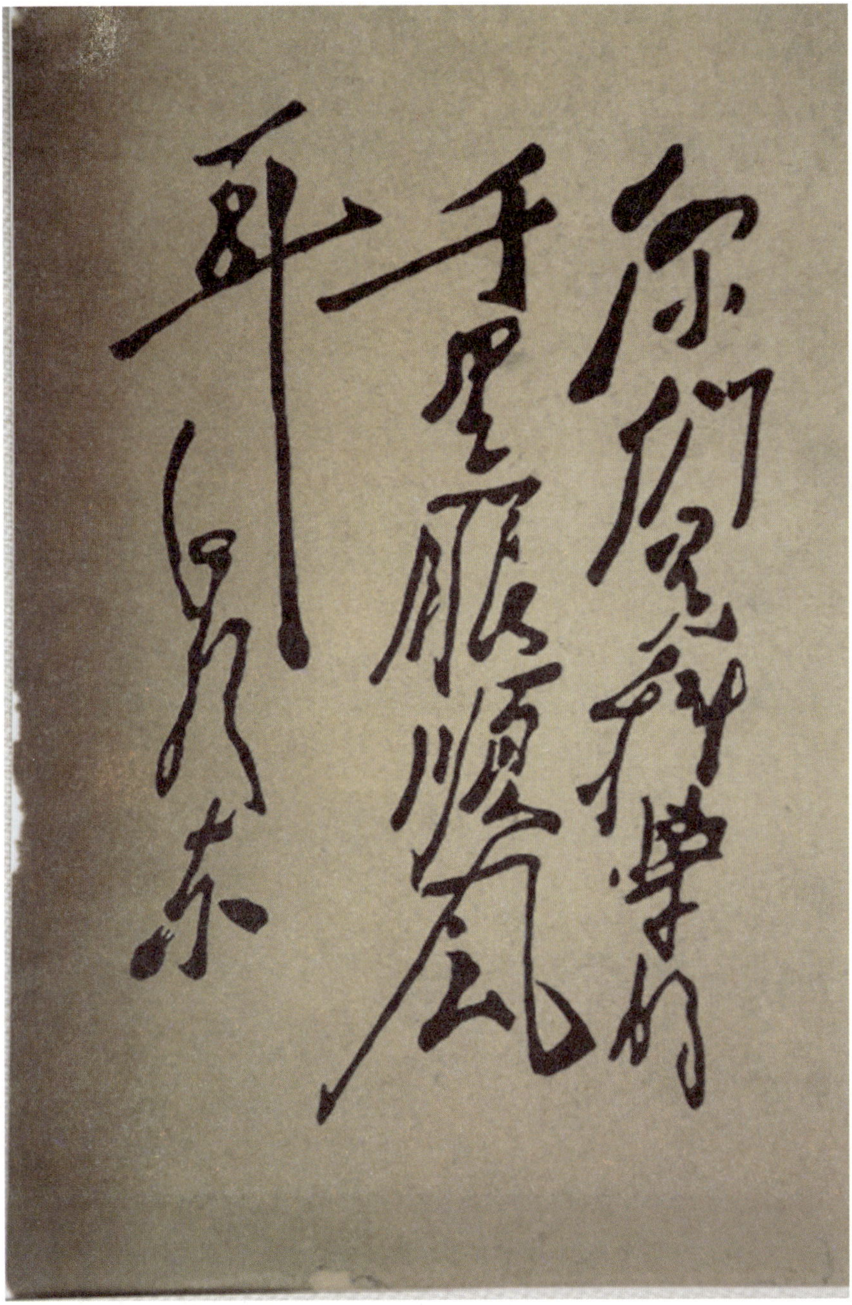

● 毛泽东为《通信战士》和通信兵题词“你们是科学的千里眼顺风耳”

晋察冀军区的无线电高级班也是西电前身之一。太平洋战争爆发后，燕京大学物理系主任班威廉教授，曾受聘给这个训练班教授过近两年时间的大学课程。后来，他到达延安之后，毛泽东主席曾专门去看望过他。

看望晋察冀军区无线电高级班教师班威廉教授

中共中央书记处由延安杨家岭迁往枣园，毛泽东的住处也迁到枣园。

——《毛泽东年谱（1893—1949）》（中卷），1943年10月

1944 年 1 月 4 日，正是农历癸未年的腊月初九，按照中国人的传统习俗，这是人们相互表达美好祝愿的拜年时间。在时为中共中央政治局主席毛泽东这一年的新年拜客名单里，有一位外国教授，他的名字叫班威廉。

班威廉，著名物理学家，出生于英国，1929 年来华，任教于燕京大学，1932 年至 1941 年任燕京大学物理系系主任。1941 年 12 月 8 日，太平洋战争爆发后，他和夫人随同林迈可夫妇进入了晋察冀抗日根据地。

1942 年春至 1943 年 8 月，应聂荣臻邀请，班威廉、林迈可担任了晋察冀军区无线电高级班的导师。在这个无线电高级班里，班威廉具体负责讲授“大学物理”“大学微积分”“高等微积分”“高等电（磁）学”和“光学”等课程，林迈可则为学员讲授“无线电技术原理”。晋察冀军区的无线电训练班，是在军区司令员聂荣臻指示下创办的。训练班首期于 1937 年底开学，地址在军区所在地河北阜平。这个训练班的负责人，就是军区司令部电台队

队长钟夫翔。钟夫翔是中革军委无线电学校第三期的毕业生。

晋察冀军区的这个无线电训练班，先后举办了六期，共培训学生五百多人。后来，聂荣臻认为电台人员不能仅仅满足于会用，还要深入研究探讨无线电技术。于是，训练班改为了研究组。1942 年春，当班威廉、林迈可教授受聘担任导师以后，研究组正式改名为高级班。1943 年 8 月，班威廉夫妇先行离开阜平前往延安。1944 年春节，高级班学生全部结业后，林迈可夫妇也离开了阜平。

在班威廉、林迈可两位教授离开后，晋察冀军区无线电高级班由他们培养出来的骨干继续举办。1947 年高级班正式升格为晋察冀无线电专科学校，1948 年更名并入华北军区电讯工程专科学校，也就是今天西安电子科技大学的前身。

正是从这个意义上说，晋察冀军区的无线电训练班，也是西安电子科技大学的前身之一，班威廉、林迈可两位教授自然也是西电早期的外籍教师。1944 年 1 月 4 日，也就是在班威廉夫妇到达延安的第三个月，毛泽东主席特地去看望了他们，并听取了班威廉对自己教学工作的相关汇报。班威廉、克兰尔合著的《新西行漫记》里是这样记载的：

一九四四年一月四日，张金才——他已在招待所里正式当职员——到我们房间里来，他的孩子气的脸上非常兴奋，他说：

“毛主席来了！他就要在我们食堂里和你们喝茶！”

“已到了这里吗？”我们惊异地问着。读者们可以想象我们是怎样地震惊。

“对呀！现在正在办公室和秦主任谈话。马上就要会见你们了。”

黄华跟他一起来，充正式的翻译。

大约在半小时内，茶摆起来了。我们向毛氏道谢，因为他是一个忙人，居然亲自来访问我们。他回答说，他把我们列入新年拜客的名单中，中共元老如林祖涵、徐特立都在内。他说我们到延安已有三个月，一直到现在他才有机会来访晤，很是抱歉。关于我们提出的问题，他没有预备答复的时间，也很抱歉，他只想在喝茶时和我们随便谈谈。他并不只是自己说话，而是让我们说话——大部分讲中国话——关于我们这次旅行，我们在河北教授学生无线电技术，我们战前在北京的生活，关于英国，关于中国的将来，等等。

他有动人的、和蔼的微笑，锐敏的幽默感，谈话时会把坚定而深思的目光盯在别人脸上。他给我们一种绝对诚恳的印象，以他的地位，在此祖国危急时期，他有一种深切的责任感。他没有大言不惭、居之不疑的神气，偏激的热狂是完全没有的。

茶后，他向我们告别，他坐的是一辆篷车。他爬进篷车时，似乎忽然想起了一件事，他回转头来，要求我们不要把他所讲的话发表出去。

这次谈话后不久，班威廉夫妇离开延安。他们回到英国后，于 1947 年出版了回忆录《龙牙》一书。1948 年，美国耶鲁大学出版社将该书再版并更名，其中译本题为《新西行漫记》。

● 班威廉在晋察冀军区指导无线电技术人员

曾为晋察冀军区无线电高级班讲授过无线电课程的林迈可教授，与夫人李效黎女士到达延安不久后，毛泽东主席也曾会见过他们，并邀请他们参加了当晚在杨家岭举行的中共中央委员会的晚宴。

宴请晋察冀军区无线电高级班教师林迈可教授夫妇

毛泽东出席中共中央办公厅在中央党校大礼堂为陕甘宁边区工厂厂长及职工代表会议的代表举行的招待会，接受职工代表的献旗和献词，并发表讲话。讲话指出：……所有的共产党员都应该学习经济工作，其中许多人应该学习工业技术。如果我们共产党员不关心工业，不关心经济，也不懂别的什么有益的工作，对这些一无所知，一无所能，只会做一种抽象的"革命工作"，这种革命家是毫无价值的。我们应该反对这种空头革命家，学习实现中国工业化的各种技术知识。

——《毛泽东年谱（1893—1949）》（中卷），1944年5月22日

前文已述，还是在晋察冀抗日根据地时，聂荣臻曾经聘任过燕京大学的班威廉、林迈可两位教授，为西电前身之一晋察冀军区无线电高级班的学员讲授过无线电等课程。班威廉教授 1943 年 8 月离开晋察冀前往延安，毛泽东主席 1944 年春节时亲自登门看望过他。林迈可晚了半年多，是 1944 年 4 月离开晋察冀根据地的。大约当年 5 月下旬，林迈可教授及其夫人李效黎到达延安。

1944年5月21日起，我们党历史上会期最长、历时十一个月的中国共产党第六届中央委员会第七次全体会议开始了。这期间，毛泽东亲切接见了林迈可教授。林迈可在其所著的《抗战中的红色根据地》一书中记载了这次见面的经过：

毛泽东主席在周恩来夫妇背后，圆圆的脸，一对犀利的眼睛，还有那一头浓浓的黑发，和我们在前方常看见的画像很相像，使我们有些一见如故的感觉。他亲切地和我们紧紧地握手，对我们来延安的长途跋涉表示亲切的慰问，并特别问到了小艾丽佳的健康。他说延安的安定环境，会对她恢复健康有利。

毛泽东说一口湖南话，我听不太懂，但有效黎转说，也就不成问题了。他侃侃而谈，先问我到中国以前住在哪里，做过什么事情；然后说不管我是从哪里来，或者出于什么原因来中国，对我参加八路军和中国人民的抗日斗争，他觉得很高兴。我告诉他，我能碰上和八路军一齐打日本，这是我的光荣。当我问他我应在延安做些什么工作时，他告诉我再多休息些日子，以后再谈工作的问题。

关于这次会见和宴请，李效黎女士在其自传《延安情》中有更详细的记载，特别是当天晚宴的内容和晚上的演讲：

天快黑时，我们和毛主席一起走进礼堂，那里大约已有七十多人，全是党政军各界的高级人士。我们见到了刘少奇、贺龙等一些知名人物，毛泽东主席、周恩来副主席和聂荣臻将军等几位和我们同桌。这是一次盛大的宴会，上了许多菜，猪肉、牛肉和鸡全烹调成各种美味佳肴。酒是本地出产的，迈可说酒的味道好极了。

那天晚上，毛泽东主席要到党校演讲，我们也应邀同往……党校并不太远，就在杨家岭那条河的对岸……毛泽东主席一走上讲台，全场就响起热烈的掌声，达一分钟之久。他演讲时，全场鸦雀无声。他的声音很低沉，可是每一个字都可以听得清清楚楚，有时候他会用手势以加强语气。他演讲的主题是要每个人充分利用延安的安定环境，抓紧时机，努力学习；每个干部的责任都很大，不但要打败日本帝国主义，将来还要领导建设遭到破坏的国家。他讲完话后，全场又爆发出一阵热烈的掌声。

这次见面以后，一直闲不住想马上参加工作的林迈可教授，被任命为第十八集团军司令部通信部的技术顾问，同时担任新华通讯社对外广播部顾问。其主要工作成就是协助王诤领导的军委三局，克服技术和材料短缺的困难，在延安建立了一台大约六百瓦的发报机，开创了新华社的国际广播，让世界第一次听到了来自中国延安的声音。李效黎女士则被邀请担任外语研究中心的英文教师，帮助从延安军委通信学校等单位选调出的二十一名气象训练队队员学习外语。

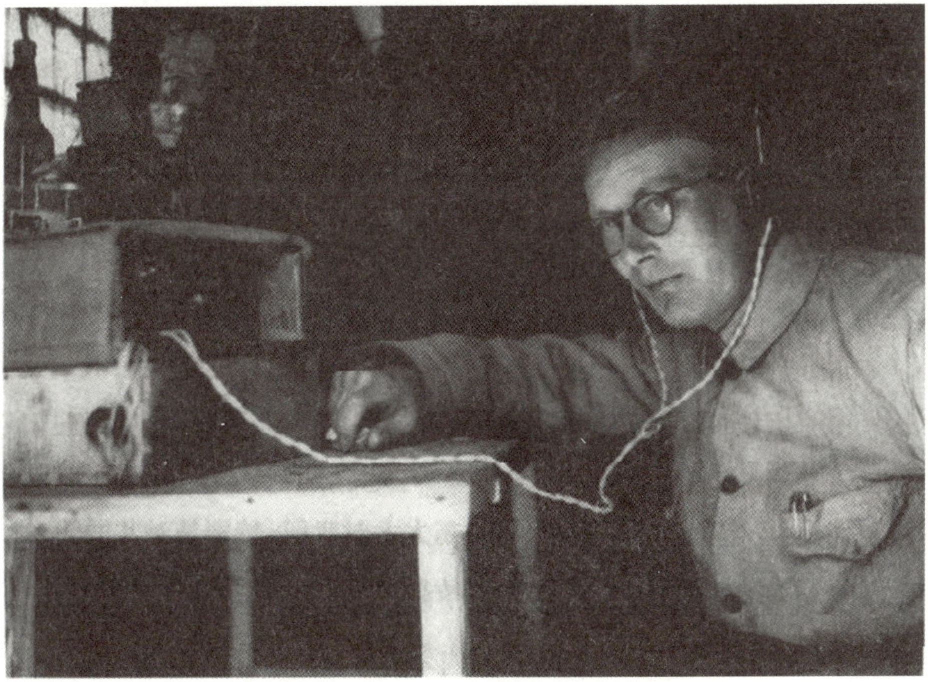

● 林迈可在晋察冀军区担任无线电通信顾问

在江西瑞金的时候，毛泽东主席参加了首期无线电训练班开学典礼并讲了话，随后又多次给训练班师生上过政治课。1945年春节的时候，当通校师生前往枣园给主席拜年时，他再次给通校师生们上了一次政治课，卸下了大伙儿的思想包袱。

枣园拜年时给通校师生上政治课

毛主席在中共中央党校讲演，主要讲时局问题、山头主义问题、审查干部问题。关于时局，他说：今天全世界的主要问题是几个大国是不是能够团结到底消灭法西斯，我可以说，他们之间磨擦是有的，但是团结占主要地位。中国的主要问题是国民党和共产党能不能够团结起来消灭日本帝国主义。我们要求团结，这次国共谈判我们提出八条，国民党一条都不办。我们要准备力量，要扩大力量，打败日本侵略者。关于山头主义，他说：这是一个事实上存在的问题，是中国社会的产物，中国革命特别情形（根据地被敌人分割）的产物。我们应当承认山头，承认的目的是要消灭山头，使山头溶化，全党变成一体。各个山头要检讨历史，这种检讨在指导上要正确，就是从团结出发，团结全党是第一；加以分析、批评，这是第二；然后再来一个团结。团结、批评、团结，这是我们的方法，这是辩证法。要坚持真理，修正错误。什么叫公道？坚持真理这就是公道，修正错误这也是公道。关于审查干部，他说：前年、去年我们进行了审查干部的工作，取得了很大的成绩，但也犯了许多错误。这些错误谁负责？我负责，因为发号施令的是我。我赔一个不是。审干应采取严肃、谨慎的态度，严肃态度是反对右倾，谨慎态度是反对“左”倾，这是两条战线的斗争。

——《毛泽东年谱（1893—1949）》（中卷），1945年2月15日

1945 年 2 月 15 日，农历乙酉年正月初三，延安下了一场大雪，瑞雪覆盖着延河两岸的山峦，犹如玉砌银镶一般。这一天，来自四川达川东岳乡锋尖村的小伙子李际，作为延安军委通信学校第十三期学员，已转到盐店子通信材料厂工作。此时，他的心里像揣着一团火一样，因为上级通知，全厂人员都要去四公里外的枣园，给毛主席拜年。

就在前一天，时为军委三局局长，同时也是三局下属单位通信学校、通信材料厂等单位实际负责人的王诤，接到了主席秘书叶子龙打来的电话：

“王局长吗？你和叶参谋长的意见都向主席报告过了。主席很关心通信人员，同意给大家讲一讲话。你们明天就来吧！”

原来，1942 年那次整风运动中，特别是后来所谓“抢救运动”中的一些不当做法，让知识分子相对集中的军委三局，尤其是通校、材料厂等的部分同志背上了沉重的思想包袱……

鉴于此，不久前王诤向叶剑英做了汇报，叶剑英建议趁春节拜年的机会，请主席给大家讲讲话，开导开导思想。毛泽东主席给通校师生再次上政治课，其历史背景就是如此。

相比于 1931 年在江西瑞金第一次政治课三四十人的规模，这一堂政治课的听众大约扩大了十多倍，不但包括西电前身当时延安通信学校的全部教员和学员，还包括军委三局机关干部，材料厂、总台、新华广播电台的机务员，有线电队的电话员等，总数大约达到了四五百人。

这就是被称为“枣园拜年”的历史事件，当时上课的情形是：队伍在枣园崖下的场坪上停下来，也就是中共中央党校所在地，大伙儿围成了一个大圆圈，数百双期待的眼睛望着半山腰的那几孔窑洞。

随后，王诤局长首先去了主席居住的窑洞。不久后，一位身材魁梧、头戴灰棉帽、身穿旧灰棉制服的亲切熟悉的人走了过来。

“主席来了！”“主席来了！”这一堂政治课上，毛泽东首先给大家拜年，祝贺了大家在工作中取得的成绩，肯定了通信工作的重要性，勉励大家要安心和热爱技术工作。

当提到这堂课的主题，也就是如何消除“抢救运动”在部分同志心中留下的疑虑时，毛泽东的课上得十分精彩：首先为事件定性——“抢救运动”是把敌人的力量估计过大，把自己的力量估计小了，搞得草木皆兵，“特务”如麻，伤害了许多好同志。

接着打了个比方——好在这是一场夜间演习，用的不是真枪实弹，用的是石灰包，夜间看不清楚，一时分不清敌我，打在身上留下几个石灰包印。天亮一看，原来打的是自己人，打错了。

再给出具体解决办法——这时候，把石灰印拍掉，给你敬个礼，赔个不是：“同志，我错打你了！”那么受委屈的同志你怎么办呢？你应该把手伸出来，握一握手。

最后上升到理论高度——我们党有一条规矩，叫做坚持真理、修正错误。一切从实际出发，凡是做对了的就要坚持，凡是做错了的就要纠正。对所有错戴帽子的同志，在什么场合戴错了的，就要在什么场合取下来，向他们承认错误，赔一个不是。这是我们的进步。中国革命要胜利，就要采取这种态度。

当时在现场的李际，四十多年后在一篇题为《毛主席给我们解开了思想疙瘩》的回忆文章中写道：“大家坐在毛主席身边，心里都明白……一肚子委屈早已烟消云散了。许多人不断地拭着眼眶中激动的泪花，怕模糊了视线……主席言简意赅、深入浅出的讲话像融融的春风，驱散了我们心中的阴影。”

这一年，毛泽东 52 岁，王诤 36 岁，李际 27 岁。

身为事件亲历者，李际后来参加了解放战争、抗美援朝等。1955 年，李际荣获三级八一勋章、三级独立自由勋章、三级解放勋章，最后担任了四川内江军分区副司令员。2017 年 1 月 17 日，李际因病医治无效在成都逝世，享年 99 岁。

军委三局的主要工作是通信联络，而军委二局的主要工作则是密码破译，它是我党我军重要的技术侦察情报部门。由于其工作的特殊性和重要作用，二局被毛泽东主席比作黑夜走路的灯笼，并说红军就是打着这个灯笼取得长征胜利的。这支队伍的大部分人员，都与我校前身无线电训练班有着千丝万缕的联系，而且他们后来还成为了我校前身军委工程学校组建时的各级领导干部。

接见奔赴晋察冀军区的电台技侦人员

毛泽东在杨家岭中央大礼堂主持中共七届一中全会第一次会议。

——《毛泽东年谱（1893—1949）》（中卷），1945年6月19日

《毛泽东年谱》记载，1945 年 6 月 19 日，中共七届一中全会第一次会议召开，其主要议程是：推举中共中央主席、政治局委员、书记处书记、正副秘书长。这次会议上，选举了毛泽东、朱德、刘少奇、周恩来、任弼时、陈云、康生、高岗、彭真、董必武、林伯渠、张闻天、彭德怀为中央政治局委员；选举了毛泽东为中央委员会主席、中央政治局主席和中央书记处主席；选举了毛泽东、朱德、刘少奇、周恩来、任弼时为中央书记处书记；选举了任弼时为中共中央秘书长，李富春为副秘书长。实际上，这次会议最后还有一个小议程，那就是“华北工作问题”。“华北工作问题”是什么问题？它和西安电子科技大学有什么联系呢？

七届一中全会第一次会议议程上提到的华北，指的主要是晋察冀军区。

当时，鉴于抗日战争即将胜利，内战随时有可能爆发的形势，党中央、中央军委决定在各主要抗日根据地建立技侦工作，首先就是晋察冀军区。为了做好这个工作，中央选派的负责人，就是后来担任西电前身中央军委工程学校校长兼党委书记的曹祥仁同志。

曹祥仁，红军无线电密码破译工作的创始人、领导者和理论奠基人。1931 年 4 月，17 岁的曹祥仁从红三军团指导员训练班毕业后，被调到军团无线电训练班学习无线电收发。

红三军团的第一期无线电训练班，是在第二次反“围剿”期间举办起来的，教员主要是与王诤、刘寅一起参加红军的报务人员吴如生和韦文宫，政委是杨光池。曹祥仁就是这期训练班的四个学员之一。红三军团这个训练班，前后举办了三期，共培训了二十余人。后来，就并入到了总部的无线电训练班中去。

从红三军团第一期无线电训练班毕业后，曹祥仁留在总部电台工作，参加了历次反“围剿”斗争和长征，1938 年 11 月任军委二局局长，1945 年当选为中共七大代表。

《传记文学》2005 年第十一期和第十二期上，有一篇文章叫《永远的红军》，其作者是曹治，他是曹祥仁的儿子。在这篇文章中，曹治介绍了七大以后，时为军委二局局长的曹祥仁，是如何被指定为晋察冀军区技侦工作的负责人，以及临行前受到毛主席接见，并最终创建中央军委工程学校的经过。文章写道：

父亲此时刚参加中共七大归来，亲自选调彭富九、马文波、肖森、井润田、康立泽、边竹、陈国枢、苗鹏飞和黄文友等三十名骨干，奔赴晋察冀，组建晋察冀军区二局。

边竹在回忆当时的情景时写道：临行前朱总司令和周副主席接见大家，

并讲了话。朱老总鼓励大家甘做无名英雄，为中国革命和世界革命作贡献。周副主席讲了要大家安心工作，特别讲到在江西和长征路上侦察工作起着很大作用，关系着全军生命性的问题，那时候曹祥仁同志立了很大功劳。还说，不要光看司令员、政委什么的，要看对革命的贡献。

翌日，二局突然接到电话，说毛主席接见大家。于是大家乘车赶到枣园，毛主席的秘书叶子龙把大家引到礼堂，毛主席穿着半大中式褂子，在曹祥仁请求下先给同志们讲了形势和任务。毛主席说，我们的任务就是要推翻帝国主义、封建主义二座大山，我们打得不错么。毛主席还勉励大家像白求恩、张思德同志那样为人民服务。最后说："你们的工作非常重要，是党的眼睛、耳目。送你们到前方，曹祥仁他带队很好，我从小看他长大的。"

主席讲话后，叶总长又请大家吃饭，大家都感到很幸福。

关于毛泽东主席的这次讲话，当事人彭富九的儿子山岗在《中华儿女》2007年第八期发表的《父亲彭富九鲜为人知的"御风"生涯》一文中，也有相关记录：

1945年7月，曹祥仁局长和父亲率队奔赴华北战场，临行前在延安枣园受到毛主席的接见。毛主席告诫同志们：对黎明前的困难要有足够的思想准备，"要准备赤地千里，没有菜吃就喝盐水，牺牲了就埋在五台山"；并勉励他们：要发扬艰苦奋斗的精神，发扬埋头苦干、刻苦钻研的精神搞"无字天书"，安心工作，做无名英雄。

在晋察冀军区，由曹祥仁带领的这个专门从事技侦工作的军区二局，对外一直叫气象局。他们在隐蔽战线，特别是在三大战役中，发挥了巨大的作用。

为了表彰二局同志对中国革命的贡献，1949年初春，毛主席、党中央在河北平山县西柏坡，也就是中共中央所在地接见了曹祥仁等二局工作骨干。对于战争时期的二局工作，毛主席曾有形象的比喻，他说：“有了二局，我们和蒋介石打仗是玻璃杯赌宝，看得清，赢得了。”

后来，曹祥仁从延安带出来前往晋察冀军区从事技侦工作的这支队伍，几乎都成了中央军委工程学校各级领导班子的重要组成人员——

曹祥仁，任中央军委工程学校校长兼党委书记。

井润田，任中央军委工程学校办公室主任。

康立泽，先后任中央军委工程学校政治处副主任、校务处政委、政治部副主任。

边竹，任中央军委工程学校四大队副政治委员。

苗鹏飞，任中央军委工程学校二大队政委，曾被派往中国人民革命大学（革大）和华北联合大学（华北联大）聘请教授、讲师、教员，并选调学生。

黄文友，担任干部，曾被派往南京、上海等地聘请教授、讲师、教员，并选调学生。

……

林迈可在延安期间，就像他在晋察冀根据地一样，始终没有闲着。主要工作包括：一是组装了一台大约六百瓦的发报机；二是分配到新华社英语部做顾问；三是参与接待中外记者团；四是参与接待美军观察组，为从通校选调出去的气象队员培训相关知识；五是间接成为了我党的高级顾问，甚至影响了延安时区选择等。所以，当林迈可夫妇准备离开延安时，毛泽东主席再次宴请了他们，并与他们长谈。

再次宴请林迈可教授夫妇

毛泽东以中共发言人名义发表谈话，指出："国民党当局正在大举调兵，像洪水一样，想要淹没我整个解放区。他们在九、十两月几个进攻失败之后，正在布置新的更大规模的进攻。而阻碍这种进攻，亦即有效地制止内战的武器之一，就是不许他们在铁路上运兵。我们和旁人一样，主张交通线迅速恢复，但是必须在受降、处置伪军和实行解放区自治三项问题获得解决之后，才能恢复。""交通问题应该迅速解决，这三大问题尤其应该迅速解决。三大问题不解决而言恢复交通，只是使内战扩大延长，达到内战发动者们淹没解放区的目的。"这个谈话编入《毛泽东选集》时，题为《国民党进攻的真相》。

——《毛泽东年谱（1893—1949）》（下卷），1945年11月5日

1945 年 11 月 7 日，林迈可夫妇搭乘美军观察组的飞机，离开延安前往重庆。对林迈可夫妇来说，五天以前，他们就已经从美军观察组组长叶腾上

校那里，知道了确切的离开时间。所以，临行前的这几天，他们都在忙着与朋友们告别。

作为一个帮助过八路军，并在晋察冀和延安生活过许多年的外国人，林迈可花费了很多时间和精力，终于把《延安有什么问题？》这篇报告写好了，他把抄件分别送给了延安各个不同的单位。

就在林迈可夫妇离去前的两天，也就是 11 月 5 日晚，毛泽东主席专门设宴为他们饯行。这次宴席上没有别的客人，只有交际处的陈秘书负责安排宴席。林迈可在《抗战中的红色根据地》一书中对这次离别前的宴请，只有短短一行记录：

我们和毛泽东先生进行了一次长时间的告别谈话。毛泽东反复地谈到他的希望，中国人民要和平，共产党也要和平，他们领导的地区将是和平的基地。

而对于作为翻译参加了这次谈话的李效黎来说，却记得比较清楚，甚至一直到她晚年的时候仍然记忆犹新。在其所著《延安情》里面，有着非常详细的记录：

迈可向毛泽东主席提出许多问题。他关心中国的未来，中国如何才能强大起来；关心多灾多难的中国是会有战争还是和平，他不仅尊敬和同情中国人，还深深地热爱中国人。在最艰难困苦的条件下，中国人民全力抗击了日本侵略者，作为一个和中国人民一同战斗、忧患与共许多年的人，必然会深深地热爱中国人民，中国的局势是战是和必然和世界各地都有关联，现在他正在和一位将能塑造中国未来的人物谈话。

迈可提出了一个很难立刻答复的问题。

“你现在希望联合政府怎样进行工作？抗日战争期间，你和蒋介石至少有一个共同的目标，就是打败日本人，现在，蒋介石想按他的《中国之命运》里的计划来进行；而你则想实现‘新民主主义’的计划。在中国社会里这是两个不相容的概念，那国共合作要以什么为基础呢？”

毛泽东主席沉默了片刻说，他需要花一些时间来考虑这个问题，然后才能回答。接着他问迈可：

“你认为现在中国应该怎么办才好呢？你跟我们一起生活了那么久，你又是一个局外人，或者你看问题会更清楚一些。”

“林先生，你比其他外国人更多地了解我们，中国共产党是不想再打仗了。”

毛泽东主席用他一贯的低沉的音调说话。他经常摇动他的手臂，缓慢而又坚定。他一支接一支地抽烟，但并不妨碍他的不慌不忙的动作。

“我们打仗打够了，在日本人入侵以前就打够了，经过八年抗日战争，我们更不想再打仗了。我们不需要战争，我们的军队很疲劳，多少年来他们的供给都很差，可能是世界上最穷的一支军队。现在我们所希望的，只是想安宁地生活下去，希望不要再有人来消灭我们。我们没有更多的要求，只要求国民政府承认我们的合法地位，让我们参加这个国家的政府。我们为了自己的祖国已经牺牲了那么多人的生命。

“和平是首要的，是我们共产党人急切的需要，也应该是国民党人所需要的。现在他们不可能消灭我们，在我们更弱、力量更小的时候，他们也消灭不了我们。

“整个国家都需要和平，每一个中国人都不愿意打仗。蒋委员长是唯一可以给予我们和平的人，他有充分的权力可以阻止两党发生内战。国家的命运掌握在他的手上，他决定战，还是和，未来的中国历史会判断他是不是一个真正的爱国者。”

这次单独宴请后的两天，也就是 1945 年 11 月 7 日，美军观察组的汽车接上林迈可一家前往机场，交际处另派了一辆车，同时也把林迈可夫妇的朋友，包括博古、吴文涛、陈杰、沈建图等一同送了过去。随后，飞机低低地飞过熟悉的山峦，飞过层层的窑洞，飞过延安的宝塔塔顶，林迈可与家人一起前往重庆。不久，他们绕道印度加尔各答、巴基斯坦卡拉其、埃及亚历山大、意大利西西里岛回到了英国。

作为西电最早的外教之一，林迈可和班威廉在晋察冀军区无线电高级班培养的那批学生，后来大多成长为了共和国通信事业的骨干。高级班中成绩最好的两位学员兼辅导员王士光和林爽后来的成就，就是有力的证明。

王士光，原名王光杰，他是王光美的四哥，后来成长为了电子技术专家，是中国电子工业的奠基人和开拓者之一，曾任四机部副部长、总工程师。林爽则是新中国电信和邮电教育事业的早期组织者和奠基人之一，是中国早期的弹道导弹总设计师和中国航天事业的主要开创者之一，曾任七机部副部长。

2015 年 10 月 20 日，习近平主席在英国议会讲话时，曾这样提到："已故英国议会上院议员林迈可勋爵积极参加中国人民抗日战争，在极为艰苦的环境下，帮助中国改进无线电通讯设备，他还冒着生命危险，为中国军队运送药品、通讯器材等奇缺物资。历史将永远铭记这些为中英友好、为世界和平正义事业作出杰出贡献的人们。"

第四章

张家口、西安

开国大典上，毛泽东主席在天安门城楼上发出的那个见证了新中国成立的历史声音，很多人再熟悉不过了。鲜为人知的是，直接为这个重要历史时刻服务的许许多多技术保障人员中，有很多就是华北军区电讯工程专科学校的师生。

忙碌在开国大典上的华北电专师生

下午三时，毛泽东出席三十万军民在北京天安门广场隆重举行的庆祝中华人民共和国中央人民政府成立典礼，向全世界宣告："中华人民共和国中央人民政府今天成立了。"

——《毛泽东年谱（1949—1976）》（第一卷），1949年10月1日

1948 年 5 月，解放战争进入第三年，革命形势正朝着有利于我们的方向急剧转化，华北军区成立。新成立的华北军区决定以晋察冀军区电讯工程专科学校为基础，吸收工委通讯队、军委气象队、晋冀鲁豫军区机务队、参谋训练队等其他无线电教育单位，成立一所培养无线电通信人才的专门学校，这就是"华北军区电讯工程专科学校"成立的背景。

这个晋察冀军区电讯工程专科学校，就是在班威廉、林迈可曾经任教过的晋察冀军区无线电高级班基础上发展起来的，具体成立时间是 1947 年 3 月。此时，它已经成为一所培养无线电工程维护及使用人才的，既有大学专科又有中等专科属性的大学专科性质学校，学制两年半。

1948 年 5 月 12 日，华北电专举办合并成立大会，全校师生一千五百余

人参加，这是当时解放区最大的一所培养电讯人才的学校。成立大会召开的同时，举办了学习成绩展览、球类比赛和文艺活动，历时三天，盛况空前。7月8日，聂荣臻司令员、薄一波政委签署命令，由王诤同志兼任校长。

1949年9月，中华人民共和国成立前夕，为中国人民政治协商会议第一届代表大会以及开国大典受阅飞行提供气象保障的任务，理所当然地落到了华北电专师生身上。

当年都只有19岁的李汉杰、张耀炯，一年前刚刚从华北电专毕业。1949年8月，上级抽调了十余人负责政协会议的扩音设备搭建，李汉杰、张耀炯是这方面的技术人员，被选调加入。他们在题为《回忆中国人民政治协商会议第一次全体会议的扩音工作》的文章中写道：

我们报到时，会议各项筹备工作正在紧张进行，会场内座位已安装就绪。我们根据现有设备和会场实况制定多种方案，进行了反复试验及比较，最后选定了集中和分散两种方案。一是以一百瓦国产扩音机带四只二十五瓦扬声器，集中安装在会场上前方屋顶上的通风窗口对准会场；二是以缴获美军五十瓦扩音机带十二只高音扬声器，均匀地吊装在会场的天花板上，扬声器口朝下。这样两组扬声器可以同时使用，也可以分别使用，根据实际情况灵活、机动地开两组或任选一组扬声器，都能使会场每个角落听得清晰。

扬声器位置确定了，但大会讨论时代表发言怎么办？根据现场实际情况我们最终确定每四个座位之间安装一只缴获美军284型电台用话筒，每个代表不用离开座位，拿起话筒（当拿起话筒时电话交换机指示灯亮），由话务员立即接通扩音机即可发言。我们还安装了几套临时机动话筒，假如有的座位话筒坏了，或有的座位代表发言人多，就临时增加应急话筒。

经过实践证明，我们的方案是可行的，措施是有力的，因此在整个会议期间没有发生任何故障，比较顺利地完成了具有历史意义的任务，得到了上级的好评。

会议期间，我们还随与会代表参加了天安门广场人民英雄纪念碑的奠基仪式；大会闭幕后第二天又参加了天安门广场举行的盛大开国大典，毛泽东主席在天安门城楼上亲手升起了中华人民共和国第一面五星红旗，并向全中国和全世界人民庄严宣告：中华人民共和国中央人民政府成立了！

华北电专毕业生李汉杰、张耀炯，他们直接参与的是政协会议的扩音工作，并有幸聆听到了毛泽东主席在天安门城楼上说出的那个见证了新中国成立的历史声音。与此同时，华北电专的另一名毕业生孔永则奋战在气象岗位，为开国大典上受阅飞行提供气象资料。

孔永，1947 年 5 月进入晋察冀军区电讯工程学校陆空通讯班学习，1948 年 5 月转入华北电专第二大队四队学习，1949 年 5 月调到华北军区航空处训练队继续学习。就是在这期间，航空处奉命组织空军机群参加阅兵式，孔永所在的以学习气象知识为主的陆空通讯班，负责在北平气象台领导下开展具体工作。在《回忆陆空通讯气象专业班》中，孔永写道：

这次受阅飞行是一次多机种、大机群的编队活动，要求队形整齐，航线准确，按时通过天安门。这给飞行气象保障工作带来了很大的复杂性、艰巨性，我们不仅要把飞机场的天气掌握准，而且还要把飞行航线、备降机场的天气掌握准。

为此，航空处拟制了开国大典受阅飞行气象保障工作方案：一是受阅飞行前一天，由北平气象台于十二、十七、二十四时，向航空处指挥室提供当日三次天气预报及四次高空风向风速；受阅飞行当天，由北平气象台于六、十二、十七时，向航空处指挥室提供当日三次天气预报及高空风向风速。二是组织气象情报网，包括华北地区和沈阳、汉口、南京、上海等气象台，早六时至晚十八时，每隔两个小时报一次天气实况，直接发到华北军区航空处指挥室。

在受阅飞行训练期间，9月2日、8日，组织了受阅飞行预习；9月23日、28日，组织领队长机按受阅航线要求通过天安门。9月24日、26日，在南苑机场上空，把东西向跑道作为假设天安门，做联合编队受阅航线飞行练习。每次飞行练习，都按要求进行了气象保障。

10月1日，天气比较复杂，根据高空、地面天气图和其他气象资料的综合分析，认为起飞机场和备降机场天气是好的，主要是受阅飞行航线上有低云层。

参加开国大典正式受阅飞行的十七架飞机（其中P-51型九架、蚊式两架、C-46型三架、PT-19型两架、L-5型一架）共编成十一、十二、十三、十四、十五、十六等六个分队进行空中分列式。飞行高度，P-51型三千英尺、蚊式两千五百英尺、C-46型两千英尺、L-5、PT-19型一千五百英尺。十六时起飞，全部按规定高度在通县双桥上空盘旋待命。十六时三十五分，指挥塔台命令空中全列式开始。此时航线天气不太好，在三千英尺高度上有薄碎积云，P-51飞机穿云而过，第二次P-51飞机通过时云渐低。长机发令改变高度，在两千五百英尺高度通过，与最后的第十六分队衔接。十六时四十一分，各分队通过完毕，空中分列式结束，全部安全降落南苑机场。其中十六分队的三架小飞机，于受阅后担负摄影及撒宣传品的任务。飞行人员在航线天气不好的情况下，仍能机动地准确判断，完成了受阅飞行任务。

李汉杰、张耀炯和孔永三名华北电专的毕业生，只是当时在开国大典上忙碌的众多师生的代表之一。作为一所专门培养无线电工程技术人员的学校，一大批精通无线电工程、无线电机务、有线电机务、超短波通信、国际报务以及陆空通讯、气象通讯的专门人才，正源源不断地从华北电专走出去，不但为迎接新中国的诞生直接作出了贡献，更会成为未来新中国通信战线上的一支重要力量。

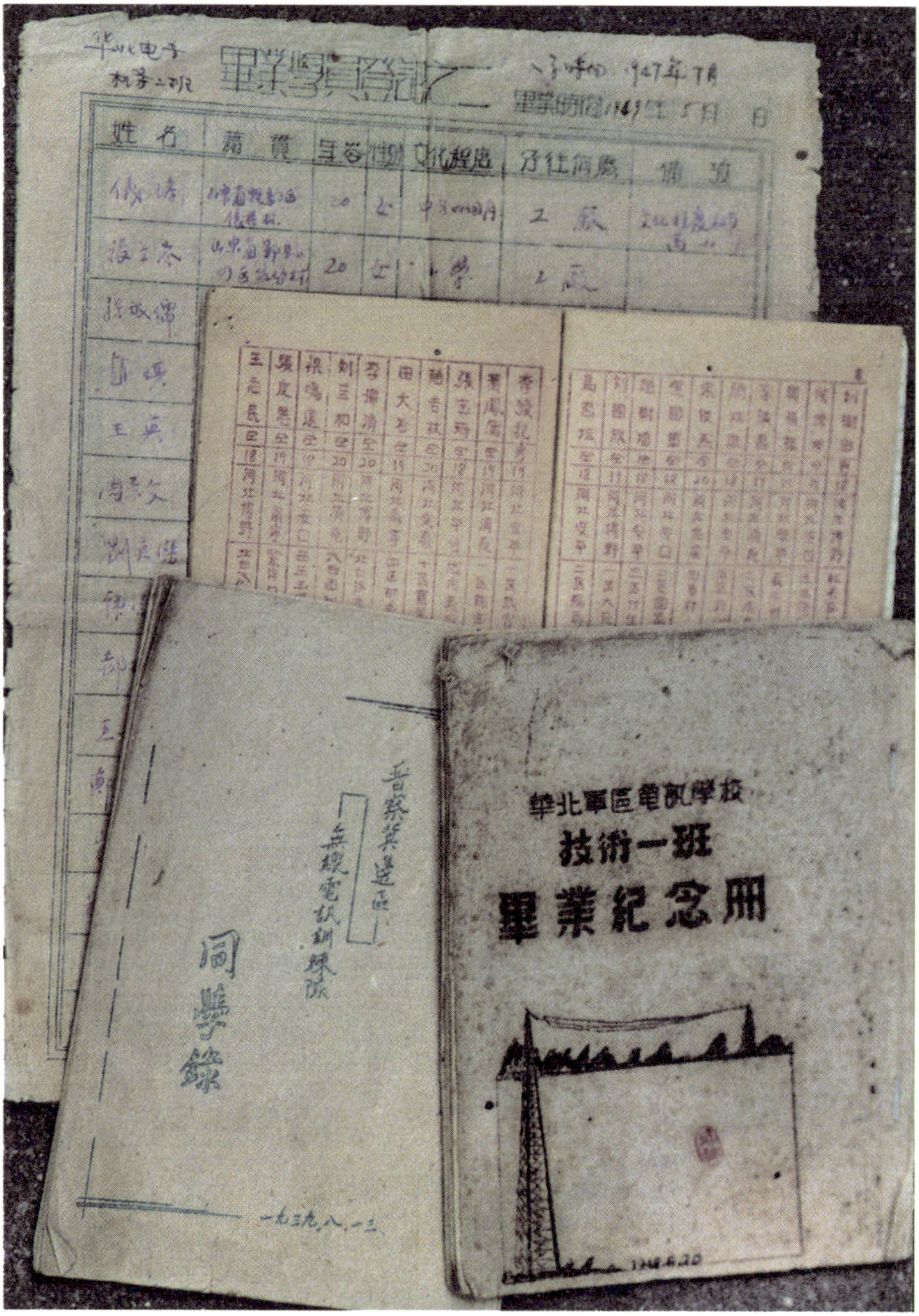

华北军区电讯工程专科学校毕业纪念册

全心全意为人民服务是我们党的根本宗旨。然而作为一幅题词，毛泽东是在什么时候、什么背景下，题给西电前身军委工程学校的呢？

为军委工校开学典礼题词“全心全意为人民服务”

毛泽东为中央军委起草致刘伯承、邓小平、贺龙、李井泉电……就吸引胡宗南部到重庆聚歼的问题，致电刘伯承、邓小平并告贺龙、李井泉……就召开各界人民代表会议问题，为中共中央起草复华南分局并告华中局、华东局、西北局等的电报……为转发中共中央华北局关于倡导评奖运动的指示，起草中央给各中央局、分局的批语……

——《毛泽东年谱（1949—1976）》（第一卷），1949年11月27日

1949 年 11 月 27 日，就在毛泽东主席在中南海丰泽园的菊香书屋内，忙着起草电文、批阅文件的同一天，北京西北方向两百公里外的张家口市的东山坡上，中央人民政府人民革命军事委员会工程学校（简称“军委工程学校”“军委工校”）举行了隆重的开学典礼，共有三千余名师生参加了庆典。

军委工程学校的建立，是西电发展过程中一个重要阶段，学校开始由农村进入城市，从主要为战争服务转入为国防建设服务，也开始由大专性质的学校向正规大学过渡。11 月 27 日举行的这个开学典礼隆重热烈，参加典礼的有军委作战部部长李涛、通信部部长王诤等领导。

开学典礼的高潮，是宣读中央领导同志寄来的三幅题词。

毛泽东的题词是：“全心全意为人民服务”。

朱德的题词是：“学习科学技术，巩固人民国防”。

聂荣臻的题词是：“树立埋头苦干、实事求是的优良作风”。

题词宣读完毕，全场欢悦沸腾。这些来自全国各地的学员，看到中央如此关怀着奋斗在塞外的儿女，无不激动得热泪盈眶。

众所周知，全心全意为人民服务是我们党的根本宗旨，它怎么会以题词的方式，题给军委工程学校开学典礼的呢？事情还得从这年春天说起。

1949 年春，辽沈、平津、淮海三大战役先后胜利结束，在夺取全国胜利前夕，中央军委根据毛泽东主席的提议，决定筹办一所机要通信干部学校。3 月 31 日，中央军委发出通令：“拟举办一所机要通信干部学校，负责训练二局、三局及机要处的工作人员，提高在职干部的知识能力，并附设高级研究机构。”

军委指令下达后，军委所属有关部门立即行动起来，军委代总参谋长聂荣臻决定以华北军区电讯工程专科学校为基础进行筹办，并在东北和新解放的华北、华东、华中各大城市招收学员，在各大学聘请教师，组建一所正规大学。由于学校的性质和任务在当时条件及环境下有一定的保密性，所以学校对外称“中央军委工程学校”，对内则称“军委机要通信干部学校”。学校校址经周恩来等军委有关领导同志商定，设在刚解放不久的张家口市。

张家口当时为察哈尔省省会，是首都北京北方的重要屏障。军委工程学校的第一任校长兼政委是第四野战军副参谋长曹祥仁，这是按照毛泽东主席指示精神，由周恩来、聂荣臻亲自选派的。

1949 年 10 月 22 日，中央军委下达了“委参字第 145 号命令”，公布了军委工程学校的一室、四处、六个大队及干部队、政训队、研究班和二十二个中队的组织机构，正式任命曹祥仁同志为校长兼政委。

就在这时候，经过大半年的紧张筹备工作，保证教学的各项工作已经就绪，于是曹祥仁校长前往北京向毛泽东、朱德和聂荣臻等汇报工作，并请他们为学校题词。就是在这样的背景下，毛泽东欣然提笔，挥毫泼墨，为学校题写了“全心全意为人民服务”九个大字。当时，毛泽东为学校题词时，没有具体的落款日期，考虑到题词是在开学典礼上宣读的，于是就习惯性地把这一天作为题词日期。

那“全心全意为人民服务”这幅珍贵题词的原件，现在何处？

早年，学校根据规定已将题词原件上交军委总参谋部政治部。

1986年，为编写校史，学校曾向解放军总参谋部政治部写信请求取回（借用），该部回信全文如下：

西北电讯工程学院：

10月17日来函收悉，关于军委工校时期的中央首长题词原件，根据中办〔1985〕40号文件精神，应逐级上交中央征办。因此难满足你们的请求。请见谅。

敬礼！

总参政治部办公室

1986年11月1日

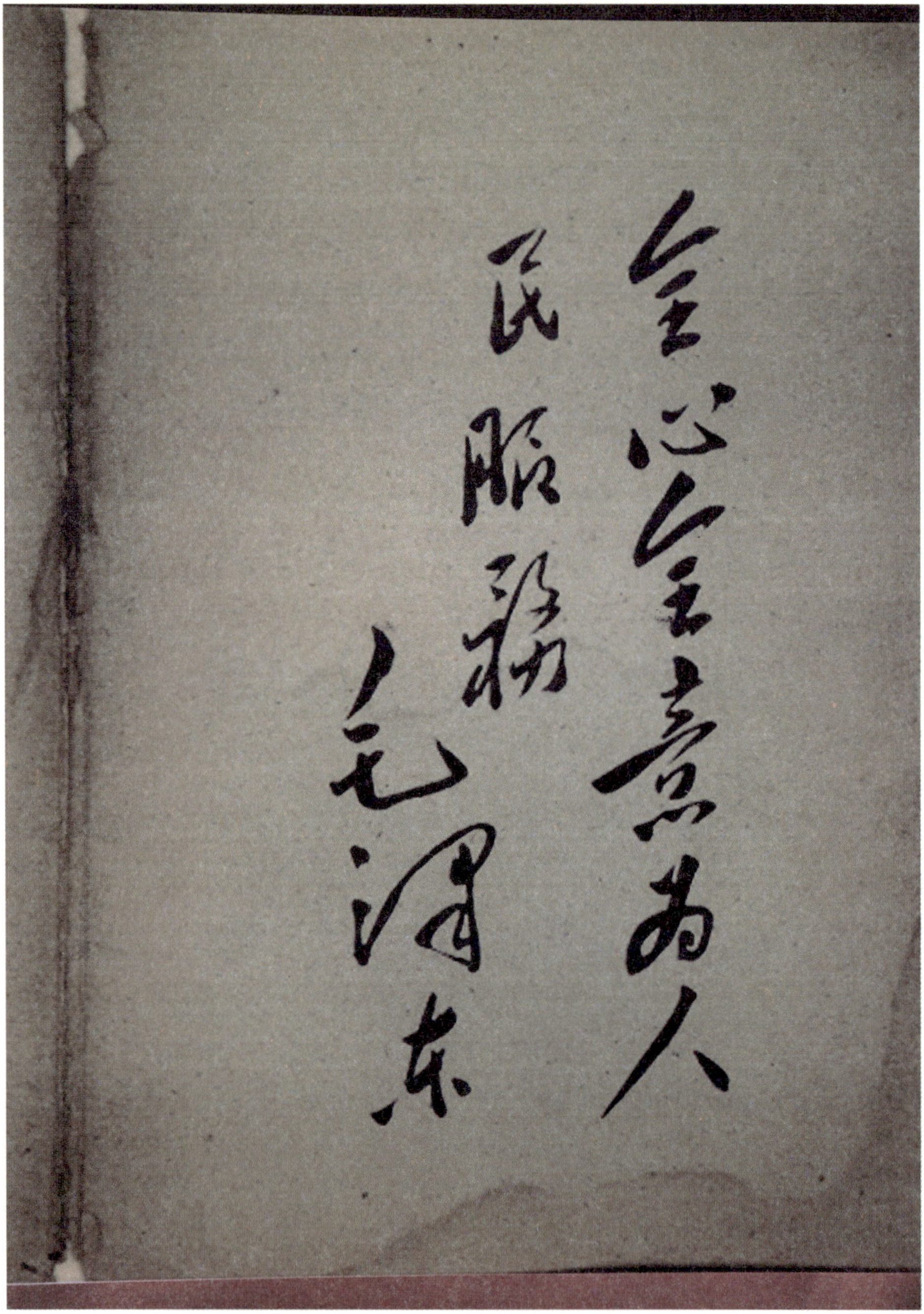

● 毛泽东为军委工校开学典礼题词“全心全意为人民服务”

● 军委工程学校校刊《学习》创刊号

● 中央人民政府人民革命军事委员会工程学校

西电的发展始终得到了毛泽东主席的关心和关怀。这种关心关怀的程度有多深？一般人恐怕很难想象。1950年初，因工作需要，校长曹祥仁即将调任保加利亚担任驻外大使，毛泽东亲自指定了学校接下来的负责人。

亲自指定军委工校负责人

毛泽东接见参加外交部首批驻外大使学习班的袁仲贤、耿飚、王幼平、谭希林、彭明治、姚仲明、王任叔、黄镇、吉雅泰、倪志亮、曹祥仁、冯铉、姬鹏飞、韩念龙。

——《毛泽东年谱（1949—1976）》（第一卷），1950年3月10日

1945年7月，时为军委二局局长的曹祥仁，带着三十名电台技侦工作骨干，奔赴华北组建了晋察冀军区二局。其中，有一个24岁的小伙子，叫作康立泽。

康立泽，1921年出生于四川省金川县安宁镇一个贫困的矿工家庭，参加红军前已是小矿工。1935年红四方面军长征路过金川县时，他参加了红军。1940年起，康立泽在军委二局和晋察冀军区二局、四野二局做情报工作。中央军委工程学校成立时，在1949年10月22日下达的干部任命中，康立泽被任命为学校政治处副主任。1950年时，他正担任学校校务处政委。

1950年2月，根据新中国外交工作的需要，一批身着军装、带着战火硝烟的将军，陆续从各战区、各战场风尘仆仆地跨进了中华人民共和国外交部大门，这是周恩来亲自点将的第一批驻外大使。曹祥仁，担任过四野的副参

谋长，时为军委工程学校校长兼党委书记，他将调任我国驻保加利亚大使。

1950 年 3 月 10 日，毛泽东在接见这批驻外大使时，曾说道：

你们中间有好几位是参谋长，参谋长擅长调查研究，当然政治部主任也善于调查研究。所以，你们到国外当大使仍要发扬在部队的长处，也要开展调查研究……谈到调查研究，我们不妨学学宋代的沈括，他每到一个地方，总要把那里的城镇关隘、山脉河流，详细记载下来，并绘成地图，还把当地的土地物产、风俗人情都了解得一清二楚。所以，当朝廷派他和辽国进行划分边界的谈判时，他对有关数据、资料十分熟悉，脱口而出，对答如流，使辽国占不了便宜。总之，要重视调查研究，重视学习。

曹祥仁校长要去担任新中国驻保加利亚的外交大使，那军委工程学校的工作怎么办？谁也不曾想到的是，毛泽东主席已经亲自做出了安排。康立泽在题为《回顾中央军委工程学校的建立》的文章中写道：

3 月中旬，军委作战部李涛部长的秘书给我打电话说：“李部长有事要同你谈，请即来中南海部长办公室。”随即我从张家口乘火车到北京，李部长把毛主席用铅笔写的指示交给我看，指示上写着：“曹祥仁同志调任外交大使职务后，军委机要通信干部学校的工作由李涛同志兼任。毛泽东三月 × 日。”

看后李部长对我说：“你拿主席的指示到总干部部和总政治部去给部长和主任看看，履行个手续。”随后总干部部即以中央人民政府人民革命军事委员会主席毛泽东、总司令朱德署名任命李涛为军委工程学校校长，总政治部以主任罗荣桓，副主任傅钟、肖华的署名任命李涛为军委工程学校政治委员。

毛泽东主席始终关心西电发展，当前一任校长调走之后，他亲自为学校指定了接任校长人选。1950 年 3 月 29 日，中央正式任命军委作战部部长李涛兼任军委工程学校校长、政治委员。随后，康立泽的工作也有了变化，开始任政治部副主任代行主任职责，主管全校政治思想工作兼干部管理处的工作。这年 4 月，学校设置也进行调整，按专业划分为第一部（通信）、第二部（情报）、第三部（机要）。

抗美援朝战争紧张进行之时，国内高等学校也在重新布局，大规模的院系调整正在持续进行中。此时，毛泽东亲自下达命令，整编中央军委工程学校，组建了中国人民解放军通信工程学院。

下达命令建设中国人民解放军通信工程学院

毛泽东阅彭德怀本日报送的陈锡联、万毅、苏进、邱创成五月十三日关于志愿军火炮损失情况及筹补方案的报告……致电李克农并告金日成、彭德怀……阅周恩来、贺诚五月十二日关于反细菌战防疫工作情况的报告……

——《毛泽东年谱（1949—1976）》（第一卷），1952年5月14日

1952 年 6 月至 9 月，新中国开始大规模调整全国高等学校院系设置，把中华民国时期效仿英美构建的高校体系，逐渐改造成了效仿苏联式。追溯二十世纪后半叶的中国高等教育系统，其基本格局正是由此发端。

在这场规模浩大的高等教育重新布局中，刚刚创办两年多的中央军委工程学校也顺应时势“一分为三”。

在详细介绍这次拆分之前，有必要提一个小插曲，这就是大连大学工学院电讯系全体师生调入军委工校。因为正是这次调入影响很大，直接为今天西电的学科发展奠定了重要的基础。时间回到 1951 年 10 月 25 日，地点是大连。这一天，在大连大学工学院院长屈伯川的办公室里，屈院长正坐在办公桌后的藤椅上，对面同样正襟危坐的是毕德显，两个人开始了一次具有历史意义的对话。

“屈院长，找我有事吗？”“毕教授，军委工校已经来人了，要调你和你们系过去。这可是周总理批准的呀！怎么样？”“周总理批准的？全部过去？”

四个月后的1952年2月29日，时年44岁的毕德显，带着全系的二百一十一名师生离开了风光秀丽的滨海城市大连，来到沙飞石走的塞外重镇张家口，投身到国防通信现代化建设的行列中。

毕德显是谁？周总理为什么要亲自调他？

毕德显，1908年生，研究生毕业于燕京大学，曾师从班威廉教授，1940年赴美留学，又跟随后来被誉为“硅谷之父”的斯坦福大学电机系弗德雷·特尔曼教授，获得硕士学位；1944年前往麻省理工学院，师从诺贝尔物理学奖得主罗伯特·安德鲁·密立根获得博士学位。调他前往军委工校，主要是为了加强当时学校的师资力量。

跟随毕德显一起来到军委工校的这些师生中，有教师二十四人，包括教授四人、副教授四人、讲师三人、助教十四人。这些教师均是各个领域的专家：吴鸿适，微波电子学家，美国留学博士；朱曾赏，通信专家，美国留学硕士；胡征，通信专家，美国留学硕士；周光耀，微波电子学家，美国留学硕士，有上海交通大学“神童”之誉；李祖承，雷达专家，英国深造回国。此外，还有一、二、三年级学员共一百八十七人，他们中包括后来成长为院士的保铮、王越等。

就在毕德显来到军委工程学校的同一时期，全国开始实行第一个五年计划，为了适应新形势对国防现代化的发展要求，中央军委决定将军委工程学校第一部改建为中国人民解放军通信工程学院。

1952年4月18日，聂荣臻代总参谋长、粟裕副总参谋长致函通知军委工程学校时任校长李涛：“一、张家口工程学校校址全部移交通信学院。二、原工程学校技术部之部分迁出，与北京该部干部学校合并。三、原工校之机要部分全部调出，分设南京、长春两处。”

1952 年 5 月 14 日，中华人民共和国中央人民政府人民革命军事委员会主席毛泽东同志正式下达了命令：“为分别建设通信学校和机要学校，兹决定军委工程学校即行分别整编，办理结束，并撤销该校番号，望即遵行。”

就这样，成立于 1949 年 11 月 27 日的中央军委工程学校，其第一部（通信）改为中国人民解放军通信工程学院，第二部（情报）改为中国人民解放军外语学院，第三部（机要）则改为中国人民解放军机要干部学校并迁至长春。

1952 年 5 月 19 日，中央军委发出通知，成立“中国人民解放军通信工程学院”，6 月 1 日军委通知撤销军委工程学校番号。当年 11 月 15 日，学院召开全员大会，副院长孙俊人宣布筹备工作结束，完成扩建任务。

从大连大学工学院调过来的毕德显，经历了军委工程学校“一分为三”的这个过程，最后被留在了中国人民解放军通信工程学院。随后，他迅速进入角色，在学院领导孙俊人的帮助下，组建雷达系，创办了新中国第一个雷达工程专业。

在毕德显的带领下，新中国创办的这个雷达专业，其课程体系完全参照世界著名工科大学的课程设计。直到今天，西电仍然高擎着雷达这面旗帜，雷达仍然是学校绝对的强势学科，无论在国内还是国外，均占有着一席之地。

通信兵是科学的“千里眼”“顺风耳”，也是革命的“鲁班石”，他们一直在特殊战线上发挥着重要的作用。国庆四周年阅兵大典上，这支部队组成的方队，接受了毛泽东等党和国家领导人的检阅。

检阅参加国庆四周年阅兵的通信工程学院方队

上午十时，毛泽东和朱德、刘少奇、宋庆龄、李济深、张澜、高岗、林伯渠、周恩来等党和国家领导人，出席在天安门举行的中华人民共和国成立四周年庆祝大会，检阅中国人民解放军部队和群众游行队伍。晚上，毛泽东等在天安门城楼观看焰火。

——《毛泽东年谱（1949—1976）》（第二卷），1953年10月1日

1953 年 10 月 1 日的国庆阅兵，是新中国成立后举行的第五次阅兵。这次阅兵，是在抗美援朝胜利的情况下举行的，显示和提高了新中国的国威、军威和世界声望。

西电与中国革命史紧紧相连在一起，不但经历过土地革命战争、抗日战争和解放战争，也深度参与到了此时刚刚取得胜利的抗美援朝战争中去。战争期间，全校师生捐献了“军委工程号”高射炮，四百余名学员提前毕业奔赴前线，与此同时，更是有数千人因为参军参干加入到学校来。

这一年的国庆阅兵仪式上，毛泽东主席等领导人在天安门城楼观礼检阅了四十八个地面方队和六个空中梯队。在这些受检阅的部队中，有一个方队特别引人瞩目，这就是由通信工程学院指挥工程系（一系）和有线工程系（三

系）学员组成的通信工程学院方队。

时年36岁的学校训练部部长崔仲民，是这个方队的负责人，他后来在题为《忆通信工程学院方队参加国庆阅兵大典》的文章中，详细回忆了当时组织参加这次阅兵的详细经过。

1953年5月下旬的一天，军委通信部王诤部长来电话，要学院参加10月1日国庆阅兵典礼大会，接受毛主席的检阅。不久，正式通知也随即下发到学校。

崔仲民回忆说，接到通知后，学院立即召开了常委会，研究如何贯彻执行。在讨论中大家情绪都很激昂，认为这是一项光荣的任务，是上级对学院的信任，不管困难多大，一致表示要迎难而上，百分之百地完成任务，而且不出丝毫差错。当时，学院院长兼政委周维主持召开了这次常委会，并确定了有关阅兵训练的各项组织。

5月30日，总参政治部制定了“关于一、三系完成参加国庆节阅兵典礼训练工作的决定”。周维院长向全院同志作了动员，着重讲了参加阅兵典礼的重大意义。崔仲民的记忆中，周院长的这次讲话在全体人员中引起了很大反响，特别是参加阅兵的一、三系学生。

与此同时，学院成立了参加阅兵部队指挥所和指挥所临时党委，任命崔仲民同志为指挥所主任，杨明同志为副主任，崔仲民兼任指挥所训练组组长，范西同志为政治组组长，王雪年同志为后勤组组长，李新宇同志为大队长，下设四个队，并任命了四个队长和四个指导员。

阅兵训练是从6月中旬开始的。6月中旬到7月中旬，参加阅兵的学员们每天半天上课，半天训练。暑假开始则是全天训练，一律不放假。这次训练是在汉口高级步校教员指导下进行的，先从单兵“四个字”分解动作开始，逐渐到“三个字”“两个字”分解动作训练。崔仲民在文中写道，在分解动作训练中，每个人必须把裤腿卷到膝关节以上，以便纠正动作。

第二阶段的训练，从单兵变为分列式班方队训练。按照要求，在行进中班方队（排面二十四人）要做到“三个一条线”和“一个声响”，即二十四个人的胸一条线，二十四个人的摆手一条线，二十四个人的抬腿脚尖一条线，二十四个人的脚落地一个声响。

8 月 25 日，经历了两个多月集训的学员前往北京，驻扎在天坛祈年殿西边的帐篷里。到了北京后，除了兵种合练外，大家还进行了各军种合练。

10 月 1 日，检阅部队从清晨四时开始就进入天安门广场侧面，在那里等待了六个钟头。十时，阅兵正式开始，当中国人民解放军通信工程学院的方队通过天安门时，中央人民广播电台介绍了我军通信兵的光荣历史。

1949年11月，中央军委工程学校举行开学典礼时，毛泽东主席曾给学校题词“全心全意为人民服务”。1959年夏天，学校迁到西安刚刚一年，时任政委的王赤军想要放大宣传“三八作风”，但手头没有毛主席手迹，于是他请毛主席秘书叶子龙帮忙。不久，毛主席在给中央办公厅工作人员题写“艰苦朴素”时，也将这个题词给了军事电信工程学院。

为学校题词“艰苦朴素”

毛泽东为中共中央办公厅工作人员题词：“艰苦朴素”。

——《毛泽东年谱（1949—1976）》（第四卷），1960年10月8日

1958年1月，中国人民解放军通信学院更名为中国人民解放军通信兵学院，时为通信兵副政委的王赤军，开始兼任学院政委。1960年1月1日，此时已经迁址西安的通信兵学院，再次更名为中国人民解放军军事电信工程学院。至1962年10月，王赤军一直兼任着学院的政委。

王赤军，1916年5月生，湖南省平江县人，参加过江西根据地反“围剿”作战和红军长征。1937年1月进入中国人民抗日军政大学第一期学习，后留在抗大工作多年。1941年9月至1942年2月，他担任过中央军委第三局副局长。

1959年夏，刚刚兼任通信兵学院政治委员的王赤军，想要将毛主席提出的“三八作风”的三句话和八个字找出来，在学院加以放大宣传。

“三八作风”是什么？王赤军为什么会想要加以放大宣传？

所谓“三八作风”，指的是中国人民解放军在长期革命斗争中养成的优良作风。“三”对应的是毛泽东 1939 年 5 月 26 日为延安抗大成立三周年所发表的文章中归纳出来的三句话，即“坚定正确的政治方向，艰苦朴素的工作作风，灵活机动的战略战术”。“八”对应的是毛泽东 1937 年上半年口头为抗大确定的校训“团结、紧张、严肃、活泼”这八个字。这两者合起来就叫“三八作风”。

王赤军是抗大第一期学员，后又在抗大担任过第七队、第九队队长，第一大队政治协理员、政治部主任，以及抗大总校第二团政治处主任、政委等职，对“三八作风”是再熟悉不过了。

作为毛泽东军事思想的重要组成部分，这三句话和八个字不但是抗大完整的校训，也是人民军队本质的集中表现。此时，“三八作风”已经成为解放军军事训练、作战和一切行动的准则，也是军事电信工程学院这类部队院校的校风。

然而，王赤军想要放大宣传“三八作风”，手头却并没有毛主席的手迹。于是，他委托当时中央办公厅毛泽东同志的秘书叶子龙帮忙寻找，然而叶子龙也一时找不到。后来，叶子龙在毛主席的其他文稿手迹中，分别将这些字逐个找出来，再加以选择使用，终于凑出来了一个“三八作风”毛主席手迹版。

但就在这个时候，王赤军却发现了一个问题，即这三句话的第二句到底是“艰苦朴素的工作作风”还是“艰苦奋斗的工作作风”，谁也无法确定下来，因为这两种提法，在历史上的不同文件和讲话中都有过，这可怎么办？

为此，王赤军又找叶子龙帮忙，请他询问一下毛主席。毛主席的答复是“艰苦朴素”。字是确定了，但原先叶子龙找到的却是“奋斗”二字，这样一来也就不能用了。可是“朴素”二字，叶子龙一时又怎么也找不到。

好在叶子龙答应王赤军，将在适当的时候请毛主席再写一个。毛主席提出，只写“朴素”二字，也说明不了什么问题，要写就得一起写。

1960年10月8日，毛泽东主席为中共中央办公厅工作人员题词：“艰苦朴素”。考虑到之前答应过叶子龙，要给军事电信工程学院也题词的事情，所以毛泽东主席在这幅题词上签了字和日期，形成一幅完整题词，把它同时也给了军事电信工程学院。这就是毛主席为西电题写“艰苦朴素”的详细过程。

当年负责学院环境宣传布置工作的徐思萱，是第一个从王赤军手里接到这四个字的照片的。徐思萱在回忆文章里说，王赤军给他详细介绍了上述经过，只是没有提到给中央办公厅工作人员题词的事情。后来，这四个字用水泥塑在了学校北校区大操场露天舞台的背面，直到二十世纪八十年代才拆除。

长期以来，许多人一直以为“艰苦朴素”是毛泽东专门为中共中央办公厅工作人员题写的，却很少有人知道这其实也是给西电前身题写的。1986年9月22日，学校编写校史，校史组工作人员为此专门致信叶子龙求证，叶子龙回信证实说：

校史组同志：

9月22日来信收到。

毛主席在1960年1月8日（应为10月8日，作者注）是为你校题过“艰苦朴素”，其他三句话八个字系从毛主席写的文件选出来的，特此证实。

叶子龙

1986年9月29日

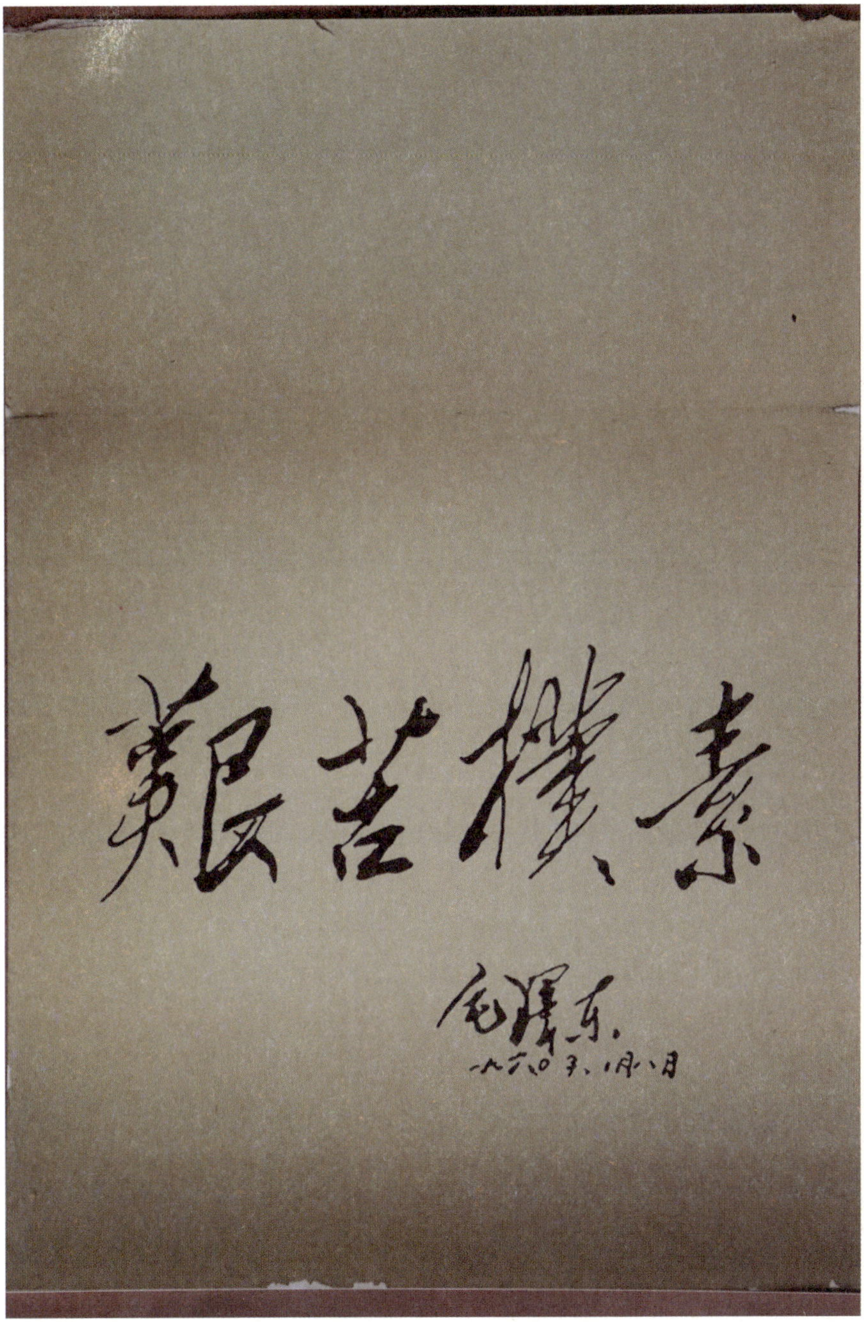

● 毛泽东为学校题词“艰苦朴素”

参 考 文 献

[1] 中共中央文献研究室编．毛泽东年谱（1893—1949）（修订本）（上、中、下卷）[M]. 北京：中央文献出版社，2013.

[2] 中共中央文献研究室编．毛泽东年谱（1949—1976）（一、二、三、四卷）[M]. 北京：中央文献出版社，2013.

[3] 校史编委会编．西北电讯工程学院校史（1947—1987）[M]. 西安：西北电讯工程学院出版社，1987.

[4] 西安电子科技大学校长办公室编．流金岁月 [M]. 西安：西安电子科技大学出版社，2001.

[5] 鲁之玉，于致田，张伯义，申瑶．王诤传 [M]. 北京：电子工业出版社，1998.

[6] 中国革命博物馆编．红军长征日记（陈伯钧、童小鹏、伍云甫、张子意）[M]. 北京：档案出版社，1986.

[7] 曹冶，伍星星．红军破译科长曹祥仁 [M]. 香港：时代文献出版社，2014.

[8] 袁以辉．红色电台长征记 [M]. 天津：新蕾出版社，1986.

[9] 曹丹辉纪念文集编辑委员会编，丹心永辉：曹丹辉纪念文集 [M]. 上海：文汇出版社，1997.

[10] 冯文彬纪念文集编辑组．冯文彬纪念文集 [M]. 北京：中共党史出版社，2001.

[11] 曾希圣传编纂委员会 . 曾希圣传 [M]. 北京：中共党史出版社，2004.
[12] 康立泽 . 回首峥嵘岁月 [M]. 兰州：甘肃人民出版社，2002.
[13] 刘克东 . 我的一生 [M]. 西安：西安电子科技大学出版社，2003.
[14] 班威廉，克兰尔 . 新西行漫记 [M]. 斐然，何文介，吴楚，译 . 北京：新华出版社，1988.
[15] 林迈可 . 抗战中的红色根据地 [M]. 杨重光，郝平，译 . 北京：解放军文艺出版社，2005.
[16] 李效黎 . 延安情：燕京大学英国教授林迈可及其夫人李效黎的抗日传奇 [M]. 肃宜，译 . 上海：上海远东出版社，2015.
[17] 刘九如，唐静 . 罗沛霖传 [M]. 北京：高等教育出版社，2013.
[18] 杨学生，卫亚伟，余光烈 . 毕德显 [M]. 北京：中国科学技术出版社，2002.
[19] 董建中主编 . 正义与强权的较量：西安电子科技大学纪念抗美援朝 50 周年专辑 [M]. 香港：国际炎黄文化出版社，2001.
[20] 李立，董建中主编 . 两种前途的斗争：我们经历的抗日战争 [M]. 西安：西安电子科技大学出版社，2005.
[21] 李立，董建中主编 . 两种命运的决战：我们经历的全国解放战争 [M]. 西安：西安电子科技大学出版社，2005.
[22] 李立，董建中主编 . 光辉历程（第一、二、三、四册）[M]. 西安：陕西人民出版社，2006.

后　记

由于笔者手头掌握的资料有限，关于毛泽东主席与西安电子科技大学之间发生的故事，就只能讲到他为学校题词“艰苦朴素”结束了。其实，在那之后也有不少值得记录的事件。

如 1996 年 10 月 20 日举行 65 周年校庆时，西电在北校区主楼北侧建成了毛泽东、朱德、聂荣臻题词纪念碑；2009 年 2 月 27 日起，学校管理中心由北校区迁至南校区，在随即启用的东门外，学校放置了一块镌刻了毛体校名的校名石；2013 年 12 月 23 日，学校公布西电精神相关表述，其中毛泽东主席给学校的题词“全心全意为人民服务”被正式确立为学校办学宗旨；2014 年 4 月 18 日，学校启用新版视觉识别系统，校名字样统一确定为毛体，校徽上的校名也同时替换；2017 年 9 月 16 日，第三届中国“互联网 +”大学生创新创业大赛总决赛在西电举办，刻有毛泽东主席题词“全心全意为人民服务”九个大字的主雕塑正式落成……

作为在西电上学，又留在西电工作的一个普通西电人，每当回首学校栉风沐雨、筚路蓝缕的发展历程，总让人感到深深的责任与使命。而重温毛泽东主席对学校点点滴滴的关怀和关心，又让人觉得无比的温暖和自豪。这种使命感和自豪感，想必已经成为全体西电人的生命特质。

这本小书是机缘巧合的产物，也得到了我的领导和同事们的大力帮助。不过，由于个人水平和能力实在有限，书中不足之处在所难免，特别是有可能还遗漏了很多精彩故事，恳请各位专家学者和广大读者能够批评指正，给予指导。

最后，希望我整理出的这些小故事，能够帮助那些关心西电这所学校发展的朋友，尤其是那些即将成为西电人的青年学子，更好地了解西电这所传承着红色基因、延续着红色根系、流淌着红色血脉的高等学校。

愿这本书带给你的，不单有温暖，还有前行道路上需要的力量！

秦 明

2019 年 5 月 1 日